Jochen Neumerkel

Basketball

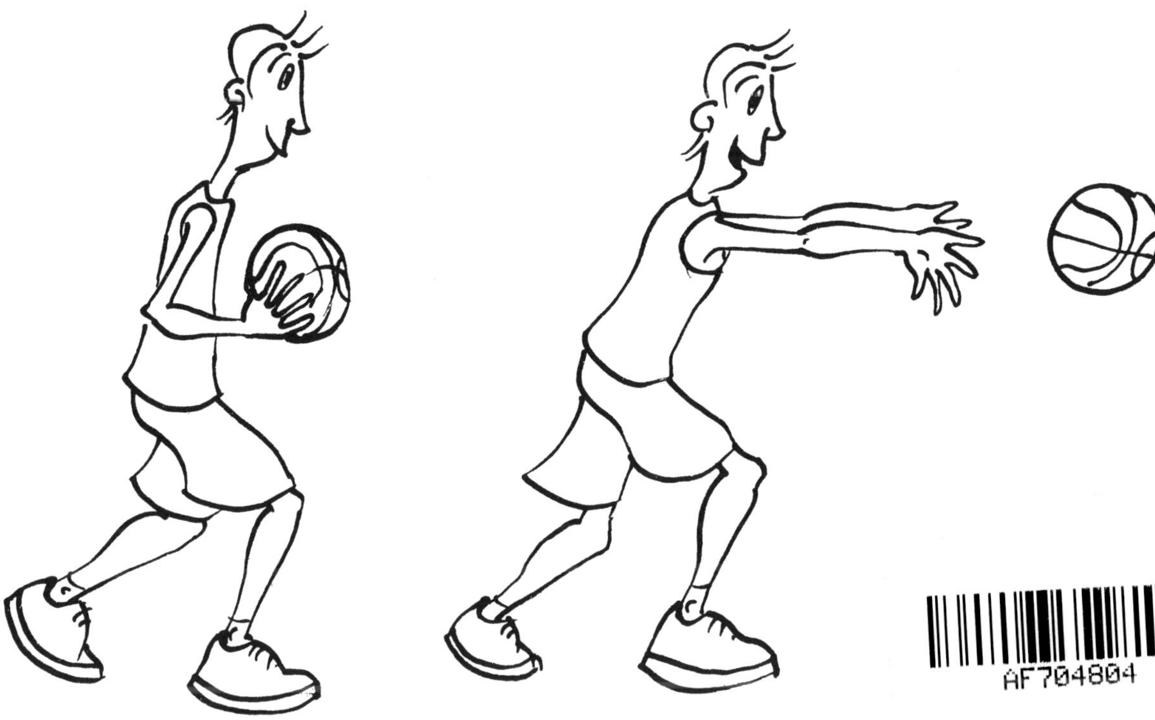

AF704804

Unterrichtseinheiten für die 5.–10. Jahrgangsstufe

Auer

Für Tina

8. Auflage 2025

Autor*innen: Jochen Neumerkel
Illustrationen: Christoph Schmidt, Eichstätt
Satz: Fotosatz H. Buck, Kumhausen
Druck und Bindung: PMLS – Print Management Logistics Solutions
ISBN 978-3-403-**04464**-2

www.auer-verlag.de

Inhalt

1. Vorwort

Das vorliegende Lehrerhandbuch ist für Klassen der 5.–10. Jahrgangsstufe aller Schularten geeignet. Es wurde so konzipiert, dass mit wenig Aufwand klar strukturierte Sportstunden gehalten werden können. Alle vorliegenden Stunden können sowohl von Sport-Spezialisten, als auch von nicht sport-studierten Lehrern abgehalten werden. Das Buch ist so aufgebaut, dass am Anfang verschiedenartige Stunden stehen, in denen die verschiedenen Techniken eingeführt, spielerisch geübt oder wiederholt werden. Im Anschluss daran folgen Spielstunden, Regelkunde und ein Vorschlag für die Durchführung eines schulinternen Streetballturniers. Die einzelnen Kapitel sind nach den allseits bekannten Artikulationsstufen des Sportunterrichts unterteilt, wobei in jeder Phase des Unterrichts sportbiologische Grundsätze beachtet wurden. Wichtig war vor allem, dass die Schüler* in jeder Sportstunde erfahren, was es heißt, sich vor der eigentlichen Belastung aufzuwärmen (Vorbereitung auf die Belastung, Verletzungsprophylaxe).
Alle Unterrichtseinheiten können je nach Leistungsstand der Klasse oder nach Jahrgangsstufen modifiziert für den Unterricht ausgewählt werden. Bei einigen Unterrichtseinheiten bedarf es etwas Fingerspitzengefühl, um die einzelnen Jahrgangsstufen nicht zu unter- bzw. zu überfordern. Jeder Unterrichtseinheit liegen Technikbeschreibungen, Bilder, Musikvorschläge, Stationskarten, Arbeitsblätter oder Wortkarten bei.
Bei den einzelnen Unterrichtseinheiten sollte jeweils individuell entschieden werden, an welchem didaktischen Ort man jeweils einen kurzen Theorieteil (Regelkunde) einfließen lässt. Es ist sicherlich auch möglich, einen kompletten Theorieblock abzuhalten, wobei es schwierig erscheint, die Schüler dafür zu motivieren.
Bei der Planung der vorliegenden Sportstunden war es mir zudem wichtig, dass die Schüler im Schulsport eine möglichst hohe Bewegungszeit bekommen, Spaß an der Bewegung gewinnen und Anreize für die Freizeitgestaltung geschaffen werden.
Meine Unterrichtsideen sind innerhalb der letzten sieben Jahre erarbeitet und erprobt worden. Ich bedanke mich hiermit bei meinen Schülern, deren Ideen in diesem Buch oft auftauchen.

Meine Klassen hatten mit diesen Stunden sehr viel Spaß und Freude im Unterricht, und die wünsche ich Ihnen auch!

Jochen Neumerkel

* Aufgrund der besseren Lesbarkeit ist im vorliegenden Band bei Schüler auch immer die Schülerin gemeint. Dasselbe gilt für Lehrer und Lehrerin.

2. Allgemeines zum Lehrplan

Der Aufbau des Sportlehrplans ist für alle Schularten gleich. Es gibt verschiedene Gegenstandsbereiche, die im Kompetenzstrukturmodell dargestellt werden und in enger und unterschiedlichster Wechselwirkung zueinander stehen:

- Sportliche Handlungsfelder
- Gesundheit und Fitness
- Freizeit und Umwelt
- Fairness, Kooperation und Selbstkompetenz

Zudem ist ein zentrales Anliegen des Sportunterrichts, die Schüler über Körper- und Bewegungserfahrung zu gesundheitsbewusstem, fairem und tolerantem Verhalten zu erziehen. Die Vermittlung eines Grundbestandes an koordinativen und motorischen Fähigkeiten und Fertigkeiten muss auch Bestand jeder Sportstunde sein. Sowohl die Lernbereiche als auch die Ziele des Sportunterrichts liegen den folgenden Unterrichtseinheiten zugrunde.
Im Lehrplan ist Basketball unter den großen Sportspielen aufgeführt. Die Lehrinhalte durchziehen alle Jahrgangsstufen, und es wird nach dem sogenannten Spiralprinzip unterrichtet. Bei diesem Unterrichtsprinzip bauen die jeweiligen Jahrgangsstufen auf das Vorwissen bzw. Vorkönnen der Schüler auf, um von keinen Spielen zum Zielspiel, 5 gegen 5, zu kommen. Um kontinuierliche Lernprozesse sicherzustellen, wird empfohlen, allgemein alle Sportspiele in zeitliche Blöcke zusammenzufassen.

Basketball

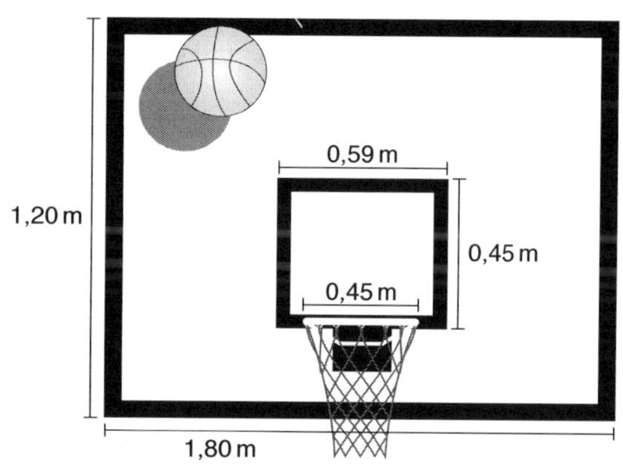

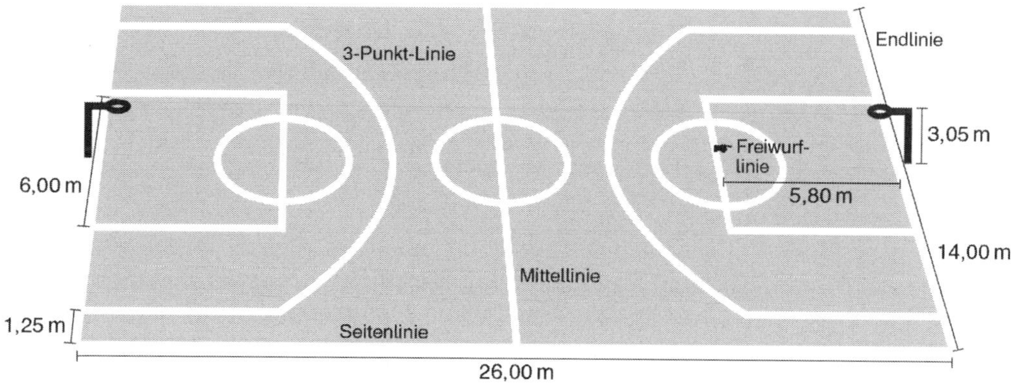

3. Passen – Fangen

Technikbeschreibung

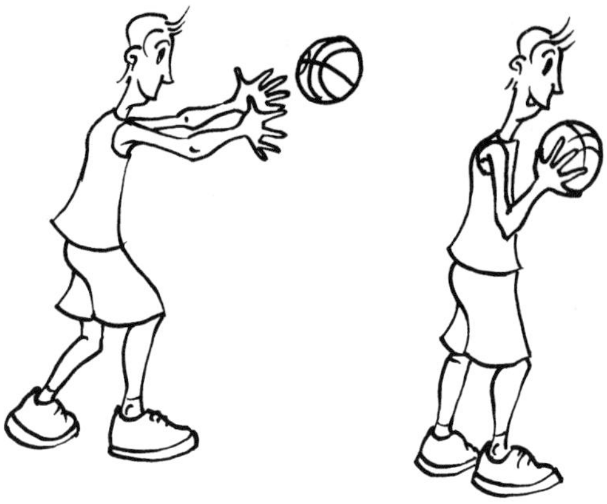

Fangen

Unter Fangen versteht man das Entgegennehmen eines zugespielten Balles mit beiden Händen, wobei die Arme dem Ball beinahe bis zur vollen Streckung entgegenbewegt werden. Um ihn weich fangen und gegen den angreifenden Gegner sichern zu können, werden die Arme mit der Ballannahme wieder an den Körper herangezogen.

Passen

Unter Passen versteht man das Zuspielen des Balles mit einer Hand oder beiden Händen direkt oder indirekt zum Mitspieler. Es wird von verschiedenen Varianten des Passens gesprochen:

- **Beidhändiger Brustpass (Druckpass)**

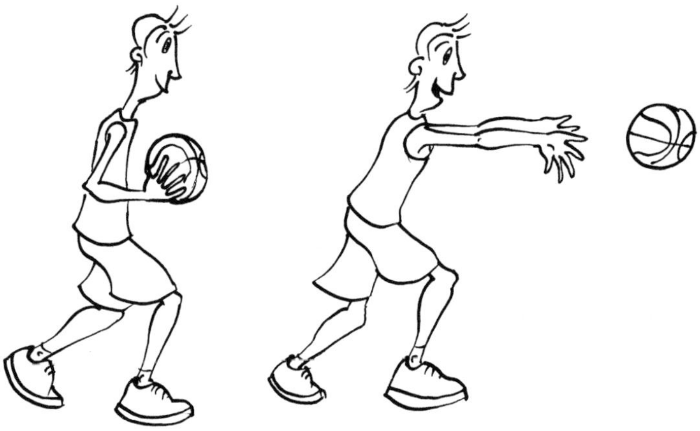

Dies ist die wichtigste Form des Zuspiels im Basketball. Hier steht der Spieler in der Basketballgrundstellung. Der Ball wird in Brusthöhe vor dem Körper in leicht gebeugter Haltung gehalten. Die Finger liegen mehr seitlich, die Daumen direkt hinter dem Ball, die Ellbogen sind gebeugt. Durch schnelles Vorwärtsbewegen der Arme und durch die Streckung der Ellbogengelenke wird der Ball beschleunigt. Unterstützt wird die Bewegung durch ein leichtes Schwungholen aus den Beinen. Die Arme werden parallel zum Boden gestreckt. Den letzten Impuls erhält der Ball durch eine kräftige Schleuderbewegung aus den Handgelenken. Die Handflächen zeigen in der Endphase nach außen.

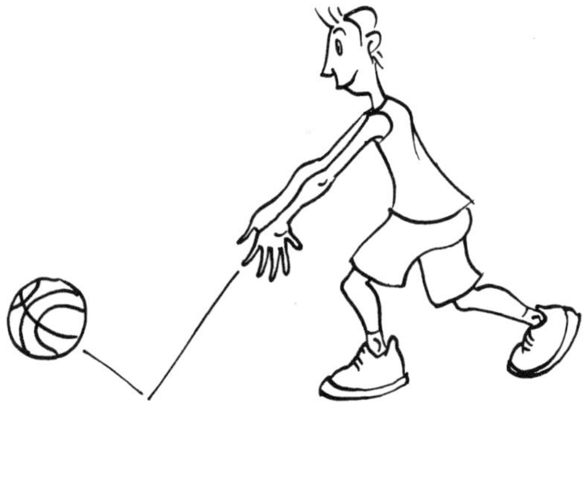

- **Bodenpass**

Diese Technik ist der des Druckpasses ähnlich – mit dem Unterschied, dass der Ball indirekt gespielt wird, d. h. es wird über den Boden gepasst.

- **Einhändiger Druckpass**

Hier wird der Ball seitlich auf der Gegenseite des Verteidigers hinausgeführt. Aus einem Ober- und Unterarmeinsatz mit „brechendem Handgelenk" (Kobra) wird der Ball zum Mitspieler gepeitscht. Die Finger führen den und folgen dem Ball bis an die Grenze der Anatomie!

- **Überkopfpass**

Der Ball bleibt während dieser Technik wirklich überkopf, d. h. kein Schwungholen hinter dem Kopf, da dort oft zwei Verteidiger lauern können. Die Beschleunigung kommt aus den Handgelenken. Sie peitschen den Ball in Richtung Mitspieler. Die Finger führen und folgen lange dem Ball. Erst wenn die Handflächen nach außen zeigen, verlässt der Ball die Fingerspitzen.

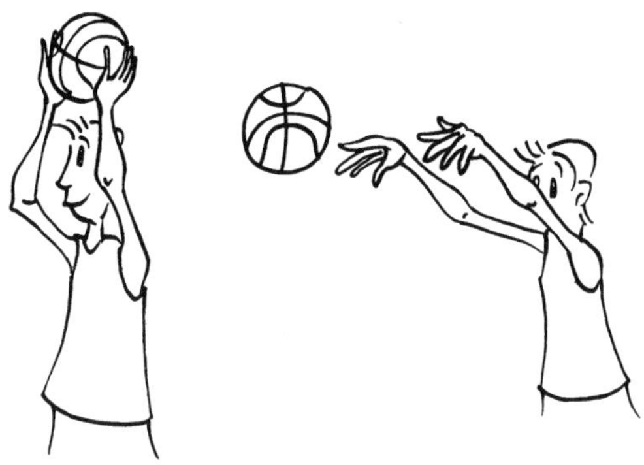

Thema: „Wir lernen Passen und Fangen!"

LERNZIELE Gymnastikbingo
Technik des Fangens und Passens im Basketball
verschiedene Passarten
Parteiball, Tigerball

ZEIT 90 Minuten, wobei der Zeitaufwand dieser Unterrichtseinheit sehr variabel gestaltbar ist, da die verschiedenen Spiele je nach Spaßfaktor verlängert oder verkürzt werden können. Aus dieser Unterrichtseinheit können so ohne Weiteres auch 2 × 90 Minuten werden.

MATERIAL Spielplan „Fair läuft vor"
Bingospielpläne, Würfel, Stifte, Uhr
Basketbälle
kleine Kästen, evtl. Hütchen

Vorbemerkung

Das Fangen und Passen sind grundlegende Techniken des Basketballsports. Da Fang- und Passübungen eine Einheit bilden sollen, wird dies bei der Auswahl der Übungsformen in der folgenden Unterrichtsstunde berücksichtigt. Das Fangen wird nur kurz angesprochen, da es in jeder Pass-Übung automatisch mitgeübt wird.

Unterrichtsverlauf

Einstieg

Sitzkreis

Impuls: Lehrer hält Basketball hoch.
Schüler vermuten. Lehrer und Schüler sprechen allgemein über Basketball, Erfahrungen, Techniken, Stars … (sollten die Stichworte Passen oder Fangen auftauchen, zur Zielformulierung lenken).

***Zielformulierung:* „Wir lernen Passen und Fangen!"**

Allgemeine Erwärmung

Spiel: „Fair läuft vor"

Klärung der Spielregeln im Sitzkreis

Organisation/Aufbau

- Die Klasse wird in 4 gleich große Gruppen aufgeteilt.
- Jede Gruppe holt einen kleinen Kasten und stellt ihn in eine Ecke des Basketballfeldes.
- Jede Gruppe erhält einen Spielplan, einen Würfel und einen Stift und legt dies auf den kleinen Kasten.
- Jeder Schüler bekommt einen Ball.

Spielerklärung

Auf Kommando laufen alle Gruppen zu ihrem Kasten. Nun darf jedes Gruppenmitglied abwechselnd einmal würfeln und die entsprechende Zahl auf dem Spielplan ausstreichen. Hat jeder einmal gewürfelt, dribbelt die gesamte Gruppe eine Runde um das Basketballfeld. Dieser Vorgang wird so oft wiederholt, bis alle Zahlen ausgestrichen sind.

Spielplan „Fair läuft vor“ (Kopiervorlage)

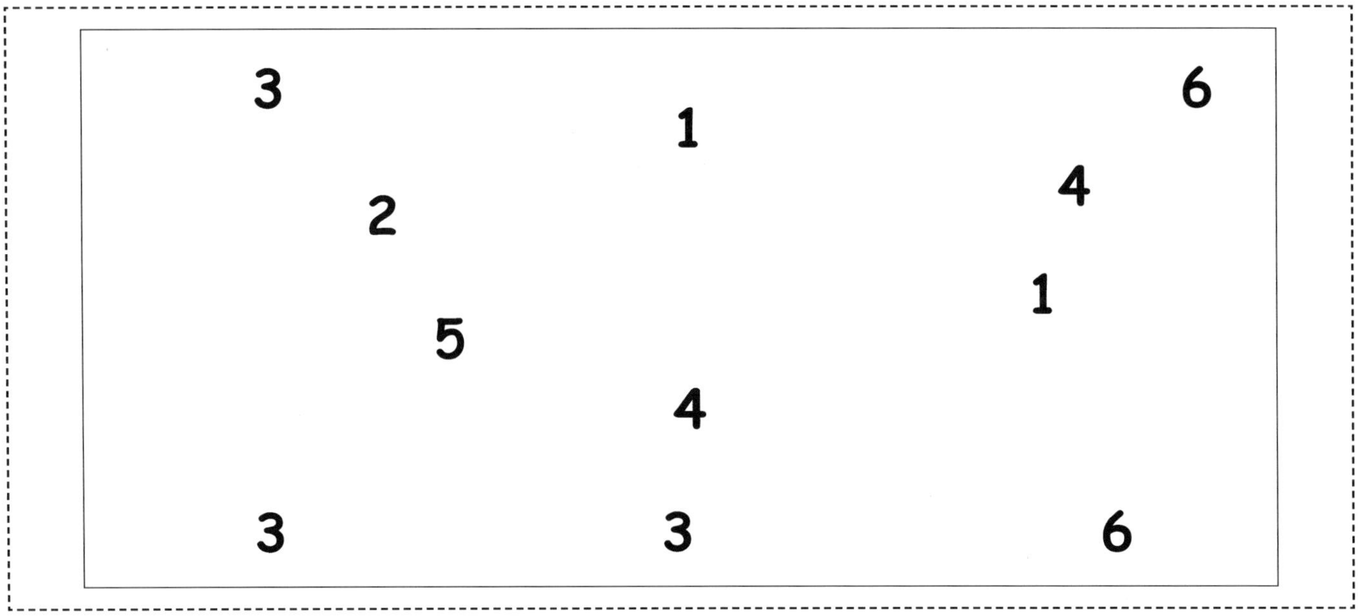

Variationsmöglichkeiten

- Ohne Ball.
- Rückwärts dribbeln oder laufen.

Spezielle Erwärmung

Spiel: „Gymnastikbingo“

Klärung der Spielregeln im Sitzkreis

Organisation/Aufbau

- Die 4 Gruppen bleiben zusammen an ihrem Kasten.
- Jede Gruppe bekommt einen Bingo-Spielplan (Kopiervorlage S. 12) und behält Würfel und Stift.
- Jeder Schüler behält seinen Ball.

Spielerklärung

Ein Schüler pro Gruppe würfelt. Die gewürfelte Zahl gibt die jeweilige Übung vor, die alle Gruppenmitglieder nach der Beschreibung durchführen. Die gewürfelte Zahl wird nun im Zahlenquadrat durchgestrichen. Ziel ist es, vier Zahlen in einer Reihe oder diagonal zu bekommen.
→ **Bingo** = Erwärmungsende, die Gruppen räumen die Geräte auf, behalten die Bälle und kommen an den Mittelkreis.

Hauptteil

Sitzkreis

Der Lehrer demonstriert mit einem Schüler, wie man einen Ball richtig fängt, und bespricht die Technikschwerpunkte.

- Mit beiden Händen.
- Arme dem Ball beinahe bis zur vollen Streckung entgegenbewegen (weich fangen).
- Bei der Ballannahme den Ball an den Körper heranziehen.

Übungsphase

1. Übung

freie Aufstellung in der Halle, jeder Schüler einen Ball

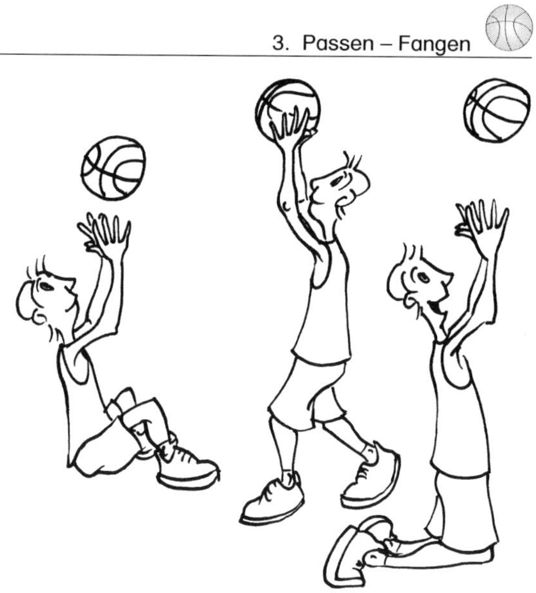

Schüler verteilen sich in der Halle und führen die Bewegungsanweisungen durch:
- Ball hochwerfen, mit beiden Händen fangen und an die Brust ziehen.
- Ball auf den Boden prellen, mit beiden Händen fangen und an die Brust ziehen.
- Stand in 2–3 m Entfernung von der Wand, Ball gegen die Wand werfen und wieder fangen.
- Der Spieler sitzt (kniet) auf dem Boden, spielt einen Pass in die Luft, steht auf und fängt den Ball.

2. Übung

Sitzkreis, Partnerarbeit, je Paar ein Ball

Lehrer demonstriert mit einem Schüler den beidhändigen Brustpass.

Gassenaufstellung

Arbeitsaufträge (Lehrer gibt Startkommando und nimmt die Zeit)
- „Stellt euch im Abstand von 3–4 m gegenüber eurem Partner entlang der Mittellinie auf. Welches Paar schafft die meisten Pässe?"
- „Sicher kennt ihr noch andere Passarten!"

Sitzkreis

Lehrer und Schüler besprechen die verschiedenen Möglichkeiten des Passens und demonstrieren diese (Bodenpass, Überkopfpass, einarmiger Pass).
Schüler führen Übung aus, wie oben, mit den verschiedenen Passarten. Die Zeit ist variabel.

3. Übung

Sitzkreis, Partnerarbeit, je Paar 2 Bälle

Gassenaufstellung (siehe 2. Übung)

Arbeitsaufträge:
- „Passt euch die Bälle gleichzeitig zu, einer macht einen Bodenpass, der andere einen Druckpass." (Wechsel ansagen)
- „… Druckpass und Überkopfpass …"
- „… einhändiger Pass, einer mit links und der andere mit rechts …" (Beidhändigkeit schulen!)

4. Übung

Gruppen mit 4–6 Schülern, je Gruppe ein Ball

Nachdem die Schüler die verschiedenen Passarten kennen, können sie in einer kurzen Phase diese Pässe in Gruppen mit 4–6 Schülern ausprobieren.
Dazu stellen sich jeweils zwei hintereinander und die anderen beiden gegenüber im Abstand von 3–6 m. Wenn der erste gepasst hat, dann läuft er seinem Ball nach und stellt sich hinten an.

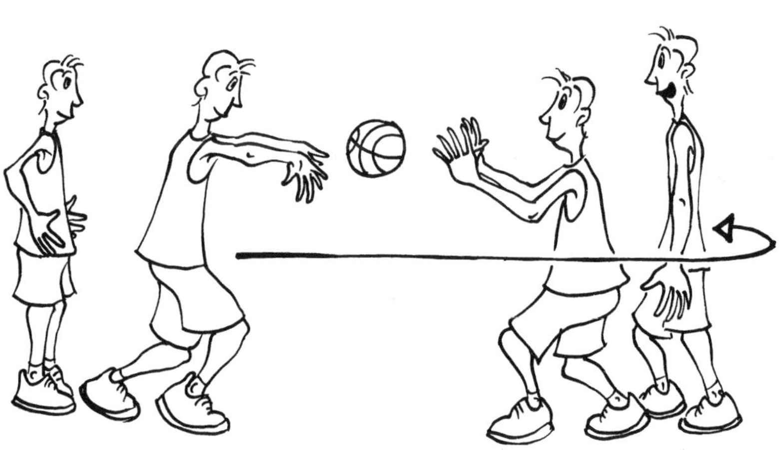

Spielphase

1. Spiel: „Fünferpass“

Klärung der Spielregeln im Sitzkreis

Organisation/Aufbau

- 5er-Gruppe bilden.
- Gruppenmitglieder von 1–5 durchnummerieren.
- Jede Gruppe erhält einen Ball.
- Hütchen zur Feldbegrenzung.

Spielerklärung

Jeweils zwei 5er-Gruppen bewegen sich in einem abgegrenzten Feld. Die Schüler haben nun die Aufgabe, in der vorgegebenen Reihenfolge so oft als möglich in der eigenen Gruppe zu passen (1 passt zu 2, 2 zu 3, …, 5 zu 1 …).

2. Spiel: „Balljagd“

Klärung der Spielregeln im Sitzkreis

Organisation/Aufbau

- Zwei 4er-Gruppen/-Mannschaften (auch Gruppen mit 5 oder mehr Schülern möglich).
- Jede Gruppe erhält einen Ball.

Spielerklärung

Durch Abzählen werden in einem Spielkreis zwei Parteien gebildet. Je ein Spieler jeder Mannschaft erhält einen Ball und steht in der Mitte des Kreises. Im Uhrzeigersinn passt nun der Spieler in der Mitte seinen Mitspielern nacheinander zu. Welche Mannschaft hat die andere zuerst eingeholt? Welche Mannschaft erzielt die meisten Pässe?

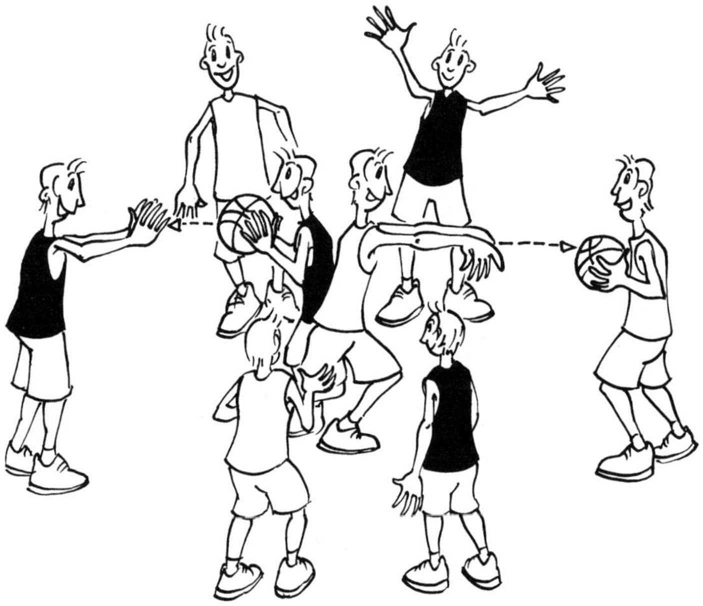

3. Spiel: „Tigerball“

Klärung der Spielregeln im Sitzkreis

Organisation/Aufbau

- Zwei 4er-Gruppen/-Mannschaften (auch Gruppen mit 5 oder mehr Schülern möglich).
- Jede Gruppe erhält einen Ball.
- Evtl. Hütchen.

Spielerklärung

Jede Gruppe bestimmt einen Tiger. Die Gruppe stellt sich im Dreieck bzw. im Vieleck auf, der Tiger kommt in die Mitte. Die äußeren Schüler passen den Ball, der Tiger versucht den Ball zu berühren. Berührt der Tiger den Ball, wird er von dem Schüler abgelöst, der den Fehlpass geworfen hat. Ab vier Außenspielern ist es ratsam zwei Tiger zu bestimmen. Spielfeld unbedingt begrenzen (Linien oder Hütchen).

4. Spiel: „Parteiball“

Klärung der Spielregeln im Sitzkreis

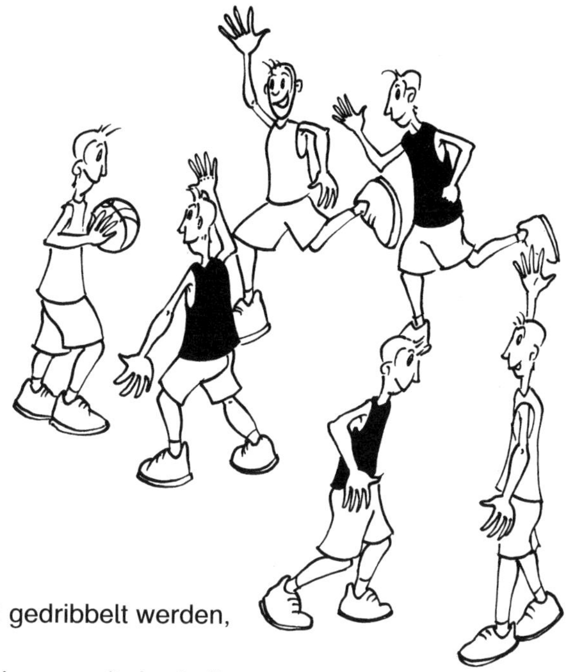

Organisation/Aufbau

- Zwei Mannschaften.
- Basketballfeld.
- Ein Ball.

Spielerklärung

Zwei Mannschaften werden gebildet. Die Spieler dürfen nur ohne Ball laufen. Der Ball wird so lange gepasst, bis ein Spieler der gegnerischen Mannschaft den Ball berührt. Ist dies der Fall, dann ist die andere Mannschaft mit dem Passen an der Reihe. Jeder angekommene Pass zählt einen Punkt.

Variationsmöglichkeiten:

- Mit und ohne Dribbling.
- Die Anzahl der Dribblings beschränken. („Der Ball darf nur 3 × gedribbelt werden, dann muss er wieder gepasst werden.“)
- Mit neutralem Helfer, der auf einem kleinen Kasten steht und immer mit der ballbesitzenden Partei spielt.

Ausklang

Sitzkreis

Den Schülern soll in dieser Phase bewusst werden, dass es „die beste Passart nicht“ gibt, sondern dass jede Passart ihre Vor- und Nachteile hat. Verschiedene Situationen benötigen verschiedene Pässe.
Impuls: „Welche Passart ist nun die beste?“

Gymnastik-Bingo

SPIELPLAN:

Wenn ihr eine Zahl gewürfelt habt, dann führt die unten stehende Übung mit der Gruppe aus und streicht dann die betreffenden Zahlen mit einem Stift durch.

1	4	2	5
5	6	1	3
4	2	3	6
1	6	5	4

MATERIAL:

- **1 Spielplan**
- **1 Würfel**
- **1 Stift**
- **Jeder einen Ball**

Würfel		Übung
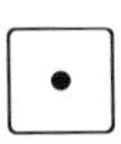	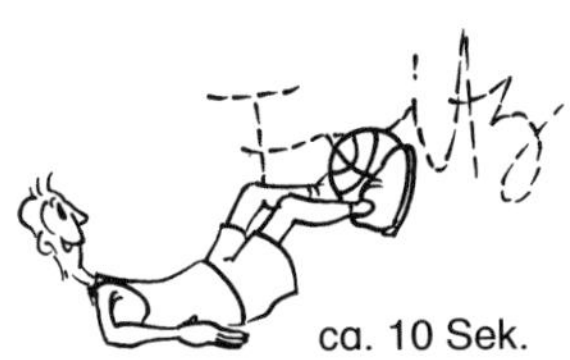 ca. 10 Sek.	***„Namen schreiben"*** Lege dich auf den Rücken, klemme deinen Ball zwischen die Füße. Nun schreibe deinen Vor- und Zunamen in die Luft. Den Kopf weg vom Boden!
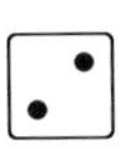	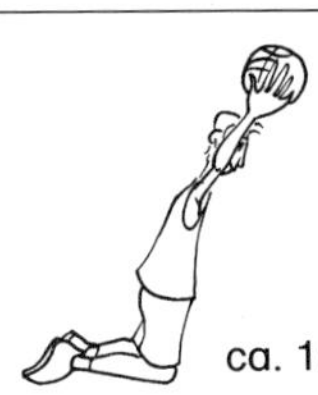 ca. 10 Sek.	***„Flieger"*** Gehe auf die Knie, nimm den Ball zwischen die Hände. Jetzt mach dich groß und beuge dich mit geradem Rücken so weit wie möglich nach vorn.
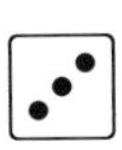	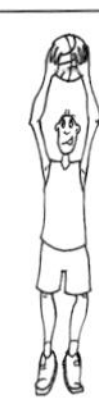 ca. 10 Sek.	***„Achtung Bälleklau"*** Mach dich mit dem Ball zwischen deinen Händen so groß wie möglich.
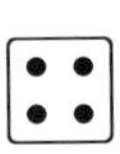	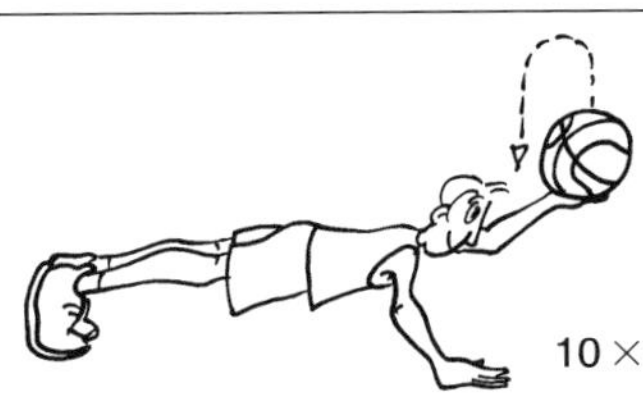 10 ×	***„Akrobat"*** Gehe in den Liegestütz und jongliere deinen Ball von einer Hand in die andere. Eine Hand hält den Ball, mit der anderen stützt du dich auf.
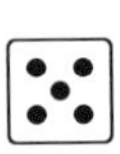	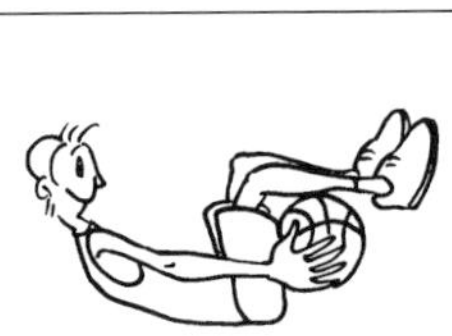 10 ×	***„Ballwanderung"*** Lege dich auf den Rücken und winkle deine Beine an. Nun lass deinen Ball um deine Beine wandern!
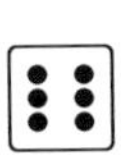	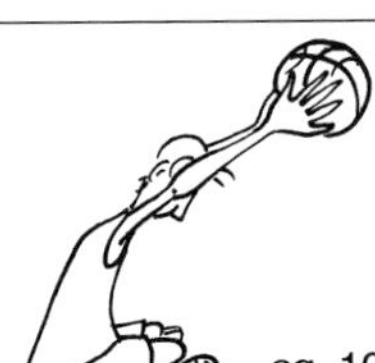 ca. 10 Sek.	***„Der Bucklige"*** Setz dich in den Schneidersitz und halte den Ball so hoch du kannst. Neige dich dann mit dem Oberkörper so weit du kannst nach vorn. Der Rücken bleibt gerade.

4. Dribbeln

Technikbeschreibung

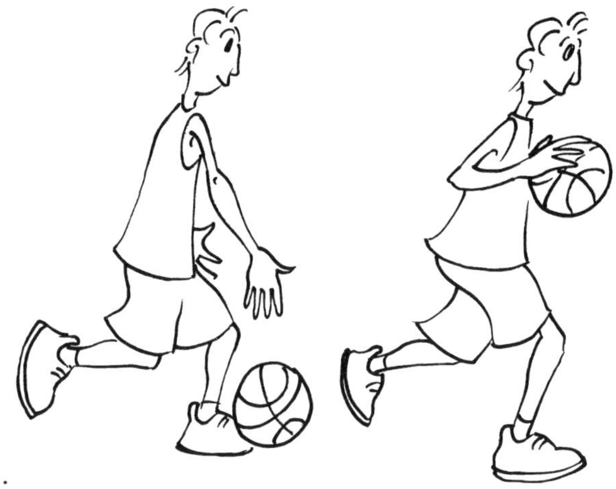

Dribbeln ist das Auftippen des Balles mit einer Hand im Stand oder in der Bewegung. Beim Dribbling im Stand wird aus leichter Schrittstellung (linker Fuß vorn beim Rechtsdribbeln) und geringer Beugung im Fuß-, Knie- und Hüftgelenk der Ball zu Boden gedrückt. Die Finger sind gespreizt und gespannt, wobei die Handfläche keinen Ballkontakt hat. Durch Unterarm- und dann Handgelenks- und Fingereinsatz wird der Ball gespielt und der rückwärtsspringende Ball wieder „angesaugt". Der Kopf ist dem Umfeld zugewandt, Augen weg vom Ball (peripheres Sehen).

Es wird von verschiedenen Varianten des Dribbelns gesprochen:

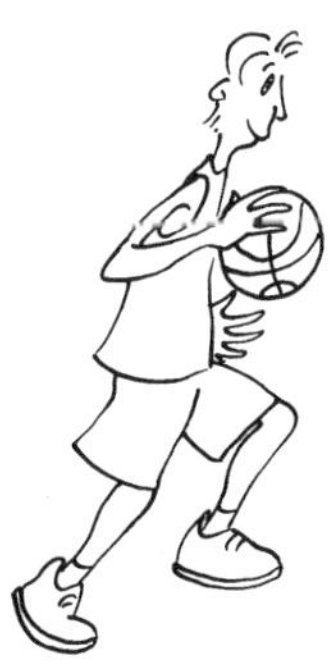

- **Hohes Dribbling**

Mit dem Vorsetzen des linken Fußes wird der Ball auf den Boden gedrückt. Im Lauf wird der Ball seitlich vor dem Körper geführt, die Dribbelhand rückt hinter den Ball schräg nach vorn.

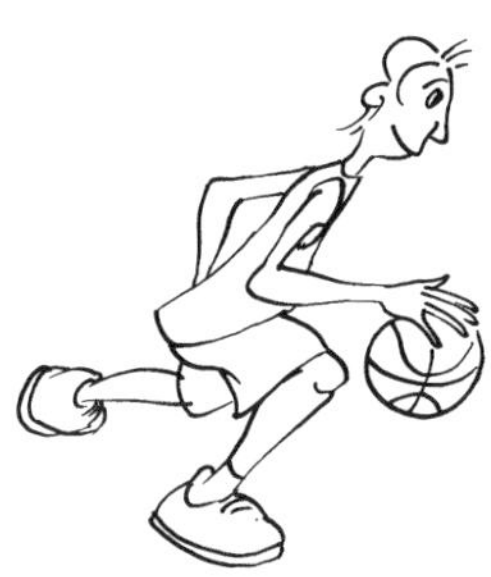

- **Tiefes Dribbling**

Fuß-, Knie- und Hüftgelenk sind hier situativ stärker gebeugt, der Blick ist dennoch dem Spielgeschehen zugewandt. Hier ist vor allem die Finger- und Handbewegung zu beachten. Der Ball wird seitlich etwa auf Kniehöhe geführt.

- **Handwechsel**

Der Handwechsel ist häufig verbunden mit einem Tempo- und Richtungswechsel. Die Bewegung in die neue Richtung sollte schnell erfolgen. Mit Einsatz des Stemmbeines wird der Ball auf die andere Seite bzw. in die andere Hand gespielt.

Im Anfängerbereich ist auf Beidseitigkeit zu achten. Es empfiehlt sich auch, das rhythmische Dribbeln zuerst zu erarbeiten und erst bei höherem Könnensstand auf das Passgangdribbling einzugehen (HAGEDORN u. a. 1996, 167).

Thema: „Wir üben Dribbeln in einem Geräteparcours!"

LERNZIELE	Übung von Beidhändigkeit beim Dribbling anhand verschiedener Bewegungsaufgaben Dribbeln in einem Geräteparcours Schulung des peripheren Sehens durch den Einsatz von Bohnensäckchen
ZEIT	90 Minuten
MATERIAL	9 Stationskarten Geräte für Stationsbetrieb Bohnensäckchen oder Mannschaftsbänder CD-Spieler, Musik

Unterrichtsverlauf

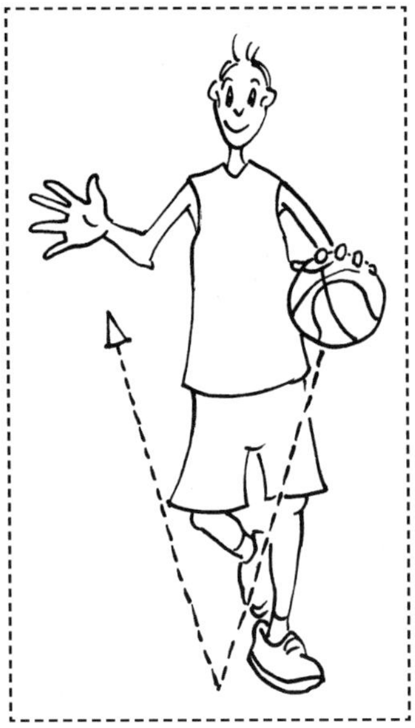

Einstieg

Sitzkreis

Lehrer zeigt Bild vom dribbelnden Basketballer (vergrößern!).
Schüler vermuten und formulieren Zielfrage.

***Zielformulierung:* „Wir üben Dribbeln in einem Geräteparcours!"**

Organisation/Aufbau

Durchsprechen der Stationskarten und Organisation des Aufbaus. Den Aufbau der einzelnen Stationen übernehmen Kleingruppen.
Impuls: „Jede Gruppe baut eine Station auf. Diejenigen, die fertig sind, helfen den anderen, die noch nicht alles aufgebaut haben. Danach treffen wir uns wieder im Sitzkreis."

Allgemeine Erwärmung

Freie Aufstellung in der Halle, jeder Schüler einen Ball, Musik: Will Smith – „Gettin Jiggy With It" (3:50)

Folgende Bewegungsaufgaben erfolgen, ohne dass der Geräteparcours betreten wird. Während der Bewegungsaufgaben läuft Musik. Wird die Musik abgeschaltet, halten die Schüler den Ball fest und erwarten die nächste Aufgabenstellung.

Arbeitsaufträge

- Freies Dribbeln
- Nur rechte Hand dribbelt
- Nur linke Hand dribbelt
- Handwechsel
- An die Wand dribbeln
- Gleiche Aufgabenstellung, nur rückwärts laufen

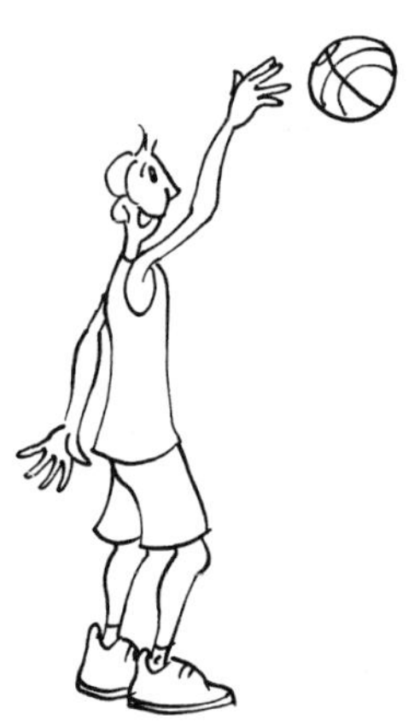

Spezielle Erwärmung

Mittelkreis, je Übung 10–15 Sekunden, jeder einen Ball

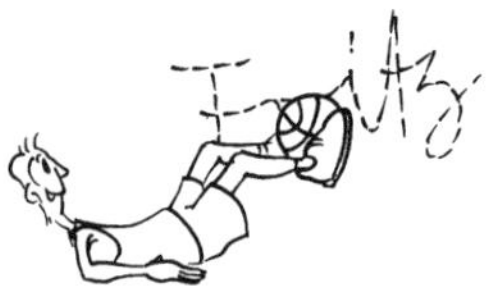

„Namen schreiben" – ca. 10 Sek.

Rückenlage, Ball zwischen Füße klemmen und Schüler schreiben ihren Namen in die Luft (Kopf weg vom Boden, Lendenwirbelsäule gegen Boden drücken).

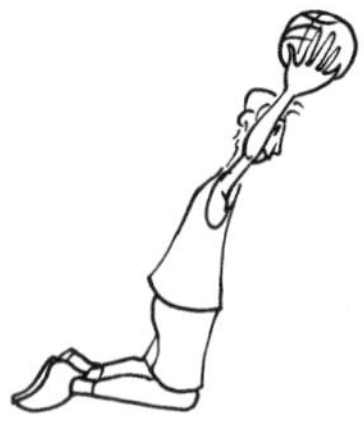

„Flieger" – ca. 10 Sek.

Kniestand, Schüler nehmen Ball zwischen beide Hände und strecken die Arme („Macht euch so groß wie möglich!"). Dann in der Hüfte so weit wie möglich nach vorn abknicken, ohne umzufallen.

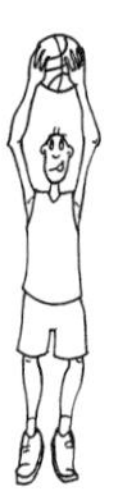

„Achtung Bälleklau" – ca. 10 Sek.

Schüler stehen, Ball wird zwischen die Hände genommen, und Schüler strecken den Ball so hoch als möglich.

Hauptteil

Vorbemerkung

Während der Probier- und Übungsphasen sollte mit Musik gearbeitet werden. Damit Ansagen schnell und effizient durchgeführt werden können, schaltet die Lehrkraft jeweils die Musik ab, woraufhin die Schüler ihre Bälle festhalten sollen.

Hinweis

Sitzkreis, Musik: Black Eyed Peas – „Hands Up" (3:35)

Sicherheitsbestimmungen beachten und mit Schülern gemeinsam durchsprechen.
- „Verlasst jede Station, wie ihr sie vorgefunden habt."
- „Verteilt euch gleichmäßig auf alle Stationen (Gedränge vermeiden)."
- „Geht über die hohen Stationen langsam (Stationen 1, 4, 5, 7)."

Probierphase

Einzelarbeit (offen), jeder einen Ball

Schüler durchlaufen mit dem Ball frei den Parcours ohne Bewegungsaufgabe.
Reflexion – Schwierigkeiten der Schüler, Stundenthema ansprechen („Welche eurer Lösungsmöglichkeiten passt zu unserem Stundenthema?), …

Übungsphase

Einzelarbeit, jeder einen Ball

Arbeitsaufträge

- Schüler durchlaufen den Parcours mit der Aufgabe zu dribbeln
- Bewegungsaufgabe – nur rechte Hand
- Bewegungsaufgabe – nur linke Hand
- Bewegungsaufgabe – ständiger Handwechsel (re-li-re …)
- Bewegungsaufgabe – rückwärts dribbeln

Reflexion – auf Wichtigkeit der Beidhändigkeit im Basketball hinweisen.

Differenzierung

Partnerarbeit, zu zweit einen Ball, Bohnensäckchen (alternativ: Mannschaftsbänder)

Die folgende Phase kann nur erfolgen, wenn die Klasse gut geschult ist und das Helfersystem bereits eingeführt ist. Während dieser Phase können die Schüler selbst entscheiden, welchen Schwierigkeitsgrad sie wählen wollen.

Arbeitsauftrag

Nur die Schüler, die sich diese Übung zutrauen!!!
Der Schüler durchläuft den Parcours mit einem Bohnensäckchen auf dem Kopf, während sein Partner sichert (ein zusammengelegtes Mannschaftsband auf dem Kopf ist auch verwendbar).
Ziel hier ist es, dass die Schüler den Blick vom Ball lösen.

Reflexion – Besprechen von Schwierigkeiten, Angst, Vertrauen, …

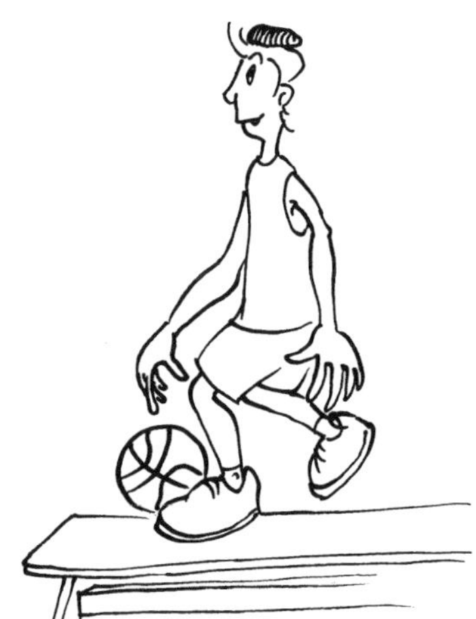

Ausklang/Abbau

Den Abbau der einzelnen Stationen übernehmen die Schüler, die die jeweiligen Stationen schon zu Stundenbeginn aufgebaut haben.

Dribbelstaffel

3 Gruppen, jede Gruppe einen Ball, Hütchen zum Abstecken der Laufstrecke.

Zum Abschluss der Stunde führt man mit den Schülern eine Dribbel-Staffel durch.

Material

Kopiervorlagen der Stationskarten

Tipp: Die Stationskarten am besten auf bunten Karton kopieren und anschließend laminieren. So sind die Karten immer wieder einsetzbar und vor Schmutz geschützt.

Im Rahmen der Kompetenzorientierung wäre es natürlich auch möglich, dass die Schüler nach dem Erlernen des Dribblings selbst einen Stationenbetrieb organisieren. Hierzu denken sich die Schüler in Gruppen Stationen zum Thema „Dribbeln" aus. Material wird von der Lehrkraft zur Verfügung gestellt. Anschließend kann zuerst ein offener Durchgang – ohne vorherige Erklärungen – erfolgen. Dann präsentieren die einzelnen Gruppen ihre Station bzw. die von ihnen angedachte Übungsausführung.

Station 1

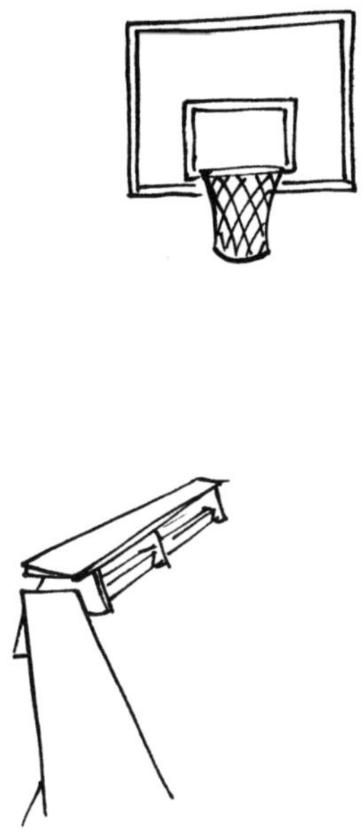

Material	**- 2 Langbänke unter einem Basketballkorb**

Station 2

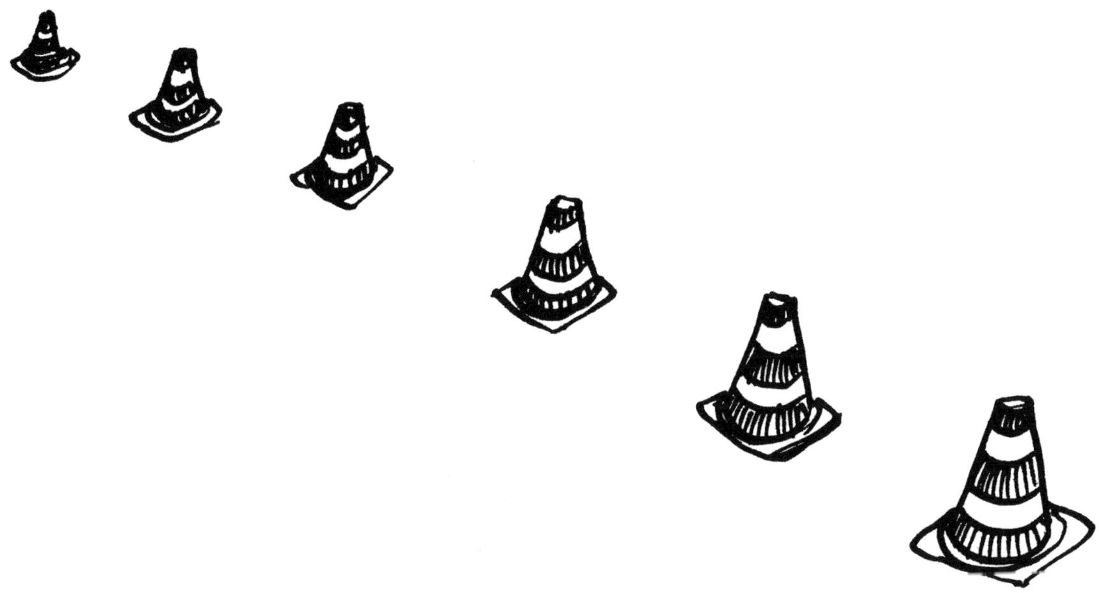

Material	– 6 Hütchen (alternativ: Slalomstangen)

Station 3

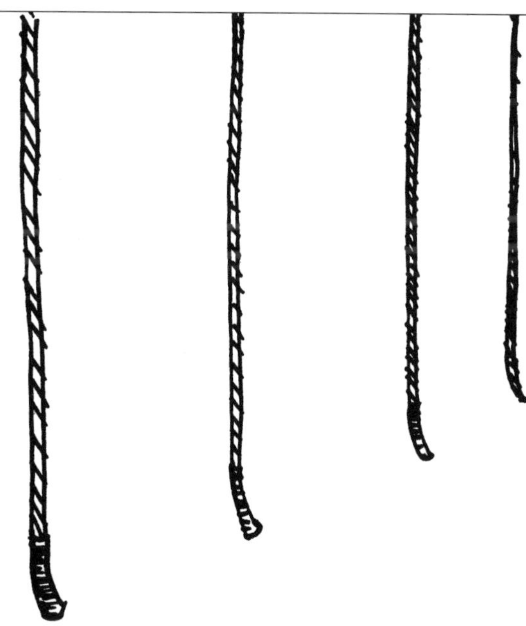

Material	– Taue (auch Ringe möglich)

Station 4

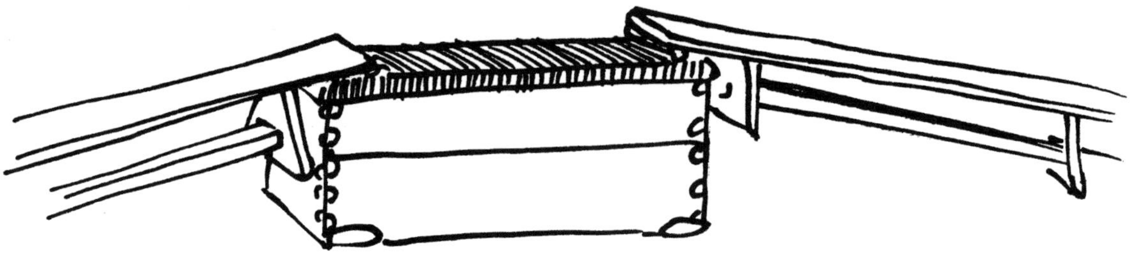

Material	- 2 Langbänke - großer Kasten (2 Teile)

Station 5

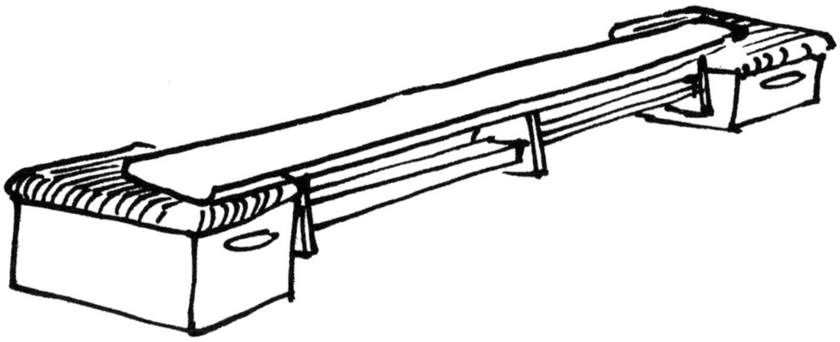

Material	- 1 Langbank - 2 kleine Kästen

Station 6

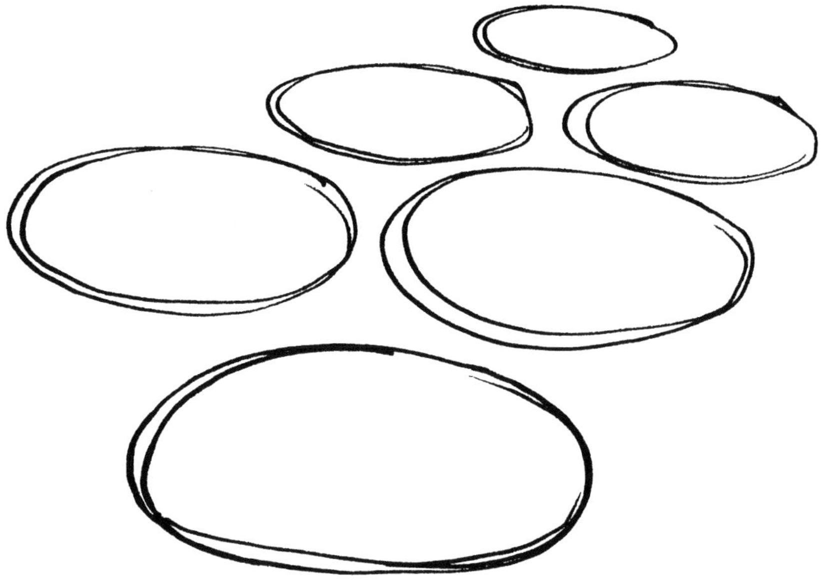

Material	– 6 Gymnastikreifen (alternativ auch Fahrradmäntel verwendbar)

Station 7

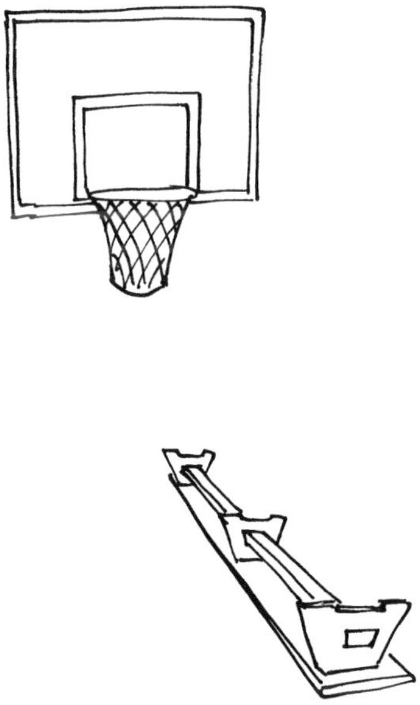

Material	– 1 Langbank (umgedreht) unter einem Basketballkorb

Station 8

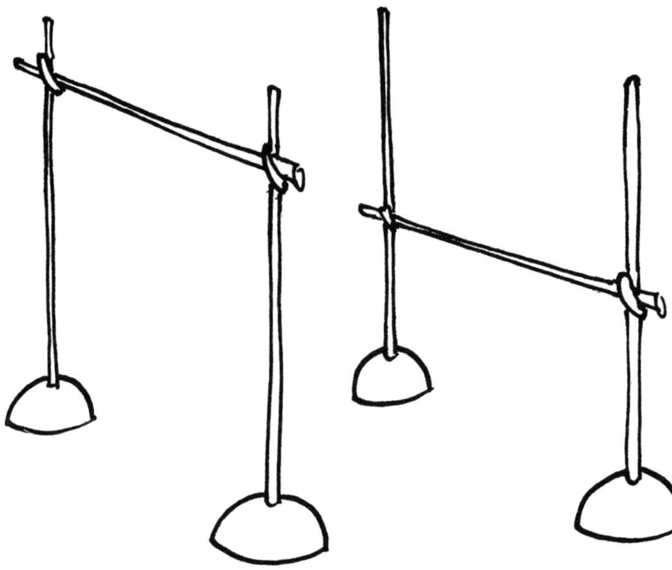

Material	- 4 Slalomstangen mit Querstreben in verschiedenen Höhen, 2 hoch, 2 tief

Station 9

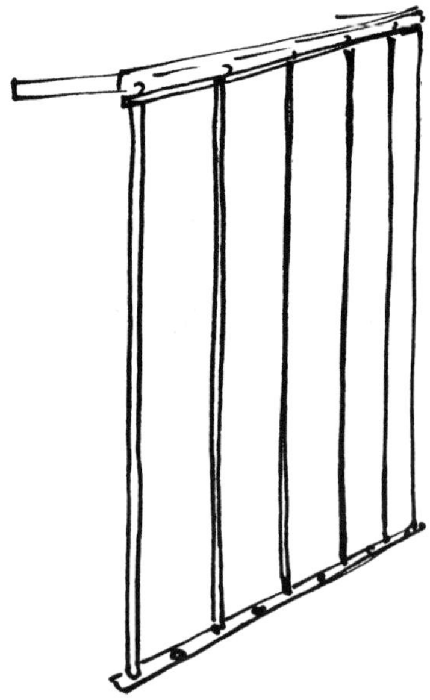

Material	- Kletterstangen

5. Positionswurf

Technikbeschreibung

Der Positionswurf, auch einhändiger Standwurf genannt, ist ein Druckwurf, der besonders als Freiwurf oder als Wurf aus mittlerer bis weiter Entfernung Anwendung findet. Er wird in leichter Schrittstellung ausgeführt, wobei der Fuß der Wurfhand vorgestellt und direkt zum Korb gerichtet ist. In der Ausgangsposition wird der Ball aus der sogenannten Wurftasche (beim Rechtshänder rechte Hand brusthoch hinter dem Ball) senkrecht vor der rechten Körperhälfte durch Heben des Ellbogens in Halb-Höhe in eine Überstirnposition gebracht. Dabei wird das Handgelenk zurückgespannt, die Wurfhand wird unter die Führungshand seitlich an den Ball geführt, und von dieser Position wird durch volles Strecken des Armes, nachdem die Führungshand vom Ball gelöst wurde, zum Korb geworfen.

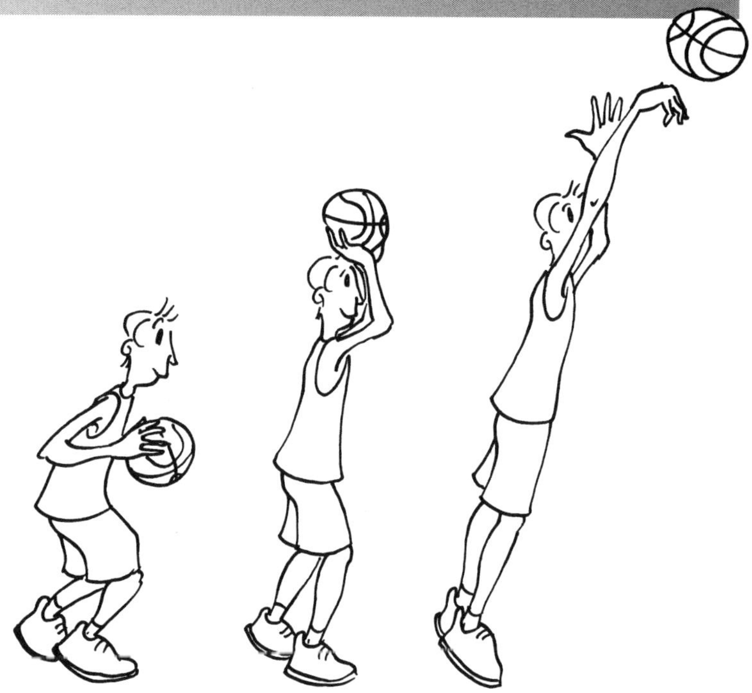

Thema: „Wir lernen den Positionswurf durch Stationen!"

LERNZIELE	Erlernen des Positionswurfs durch Stationentraining
ZEIT	90 Minuten
MATERIAL	Bildreihe und Wortkarten vom Positionswurf 6 Stationskarten Geräte für die Stationen CD-Spieler Musik

Unterrichtsverlauf

Einstieg

Sitzkreis

Lehrer demonstriert einen Positionswurf.
Schüler vermuten und formulieren Zielfrage.

Zielformulierung: **„Wir lernen den Positionswurf!"**

Erarbeitung der Technikschwerpunkte

Sitzkreis, Schülerdemo, 4er-Gruppe, Bildreihe

Schüler erarbeiten in Gruppen den Bewegungsablauf des Positionswurfes. Dazu bekommen die Gruppen jeweils einen Briefumschlag, der die Einzelbilder des Bewegungsablaufes und Wortkarten mit stichpunktartigen Erklärungen des Bewegungsablaufes enthält.
Schüler bringen die Bilder in die richtige Reihenfolge und versuchen mit Hilfe der Wortkarten die Bewegung zu verbalisieren.

Material für die Gruppenarbeit

Für jede Gruppe die folgende Kopiervorlage einmal auf einen dünnen, farbigen Karton kopieren und laminieren. Dann die einzelnen Bilder und Wortkarten ausschneiden und in einen Briefumschlag stecken, so dass jede Gruppe ein Kuvert erhält.

Bilderreihe	Wortkarten
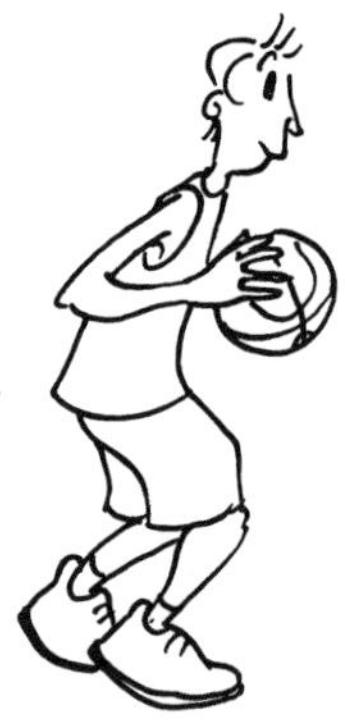	• Grundstellung • Ball vor dem Körper • In die Knie gehen
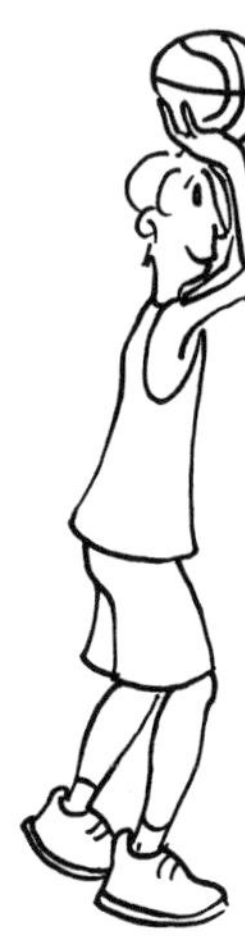	• Ball über den Kopf führen • Den Körper von unten nach oben strecken
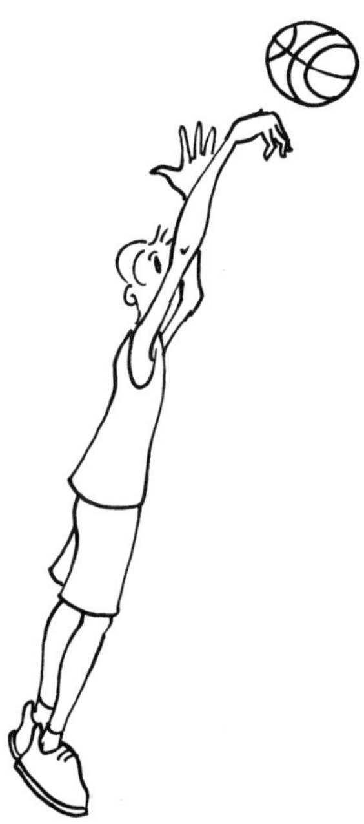	• Wurfarm kräftig nach oben strecken • Handgelenk abklappen

Organisation/Aufbau

Durchsprechen der Organisation des Aufbaus. Der Aufbau der einzelnen Stationen erfolgt in Gruppenarbeit. *Impuls:* „Jede Gruppe baut eine Station. Die, die fertig sind, helfen den anderen. Danach treffen wir uns wieder im Sitzkreis."

Allgemeine Erwärmung

Freie Aufstellung in der Halle, Partnerübung, jeder Schüler einen Ball, Musik: Hermes House Band – „Live is live" (4:03)

Folgende Bewegungsaufgaben erfolgen, ohne dass die einzelnen Stationen betreten werden. Während der Bewegungsaufgaben läuft Musik. Wird die Musik abgeschaltet, halten die Schüler den Ball fest und erwarten die nächste Aufgabenstellung.

Arbeitsaufträge

„Welches Paar schafft es, ohne einen Ball zu verlieren …

- *… Hand in Hand durch die Halle zu laufen?"*
- *… Schulter an Schulter …?"*
- *… Rücken an Rücken zu dribbeln und dabei in die Knie zu gehen und wieder aufzustehen?"*

„Habt ihr vielleicht noch eine Idee?"

Spezielle Erwärmung

Mittelkreis, je Übung 10–15 Sekunden, partnerweise einen Ball

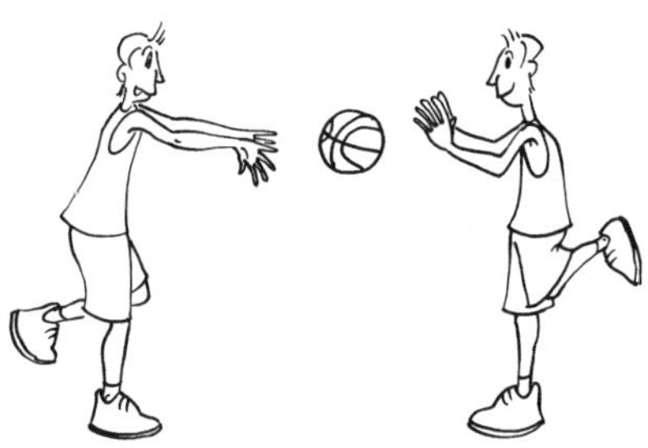

„Die Einbein-Passer" – ca. 10–15 Pässe pro Bein

Einbeinstand gegenüber, Abstand 4–5 m, die Partner passen hin und her und können mit ihren Passarten variieren. (Differenzierung: Die Übung wird intensiver, wenn man auf Zehenspitzen steht.)

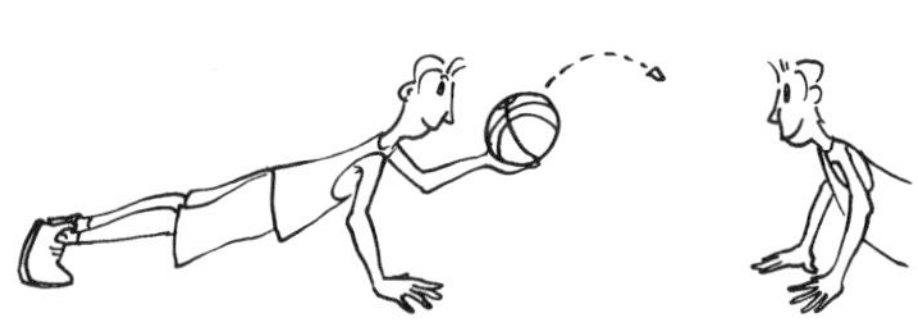

„Jongleure" – 10 Sek.

Vierfüßlerstand, die Partner werfen den Ball mit einer Hand ca. 10 Sek. hin und her, anschließend erfolgt Handwechsel. (Variation: Ball muss über den Boden gepasst werden!)

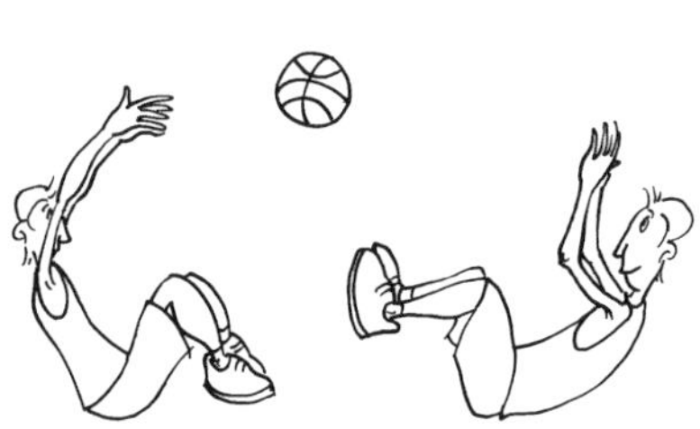

„Ballschleuder" – ca. 10 Sek.

Rückenlage, Beine angewinkelt, Kopf weg vom Boden. Der Ball wird überkopf zum Partner geworfen. Der Kopf, die Arme und die Beine bleiben während der 10 Sek. in der Luft. (Wichtig: Die Lendenwirbelsäule muss an den Boden gepresst werden – kein Hohlkreuz!)

Hauptteil

Vorbemerkung

Jedes Schülerpaar behält während des kompletten Stationsbetriebes seinen Basketball. Um den Stationenwechsel zu initiieren, wird Musik angeschaltet.

Übungsphase

4er-Gruppen, zu zweit einen Ball, Stationstraining, Musik (siehe Erwärmung)

Der Lehrer bespricht anhand der Karten die einzelnen Stationen und lässt die entsprechenden Übungen bei Bedarf von einer 4er-Gruppe kurz vorführen.

Arbeitsaufträge

Station 1:	Die Partner stehen hintereinander. Jeweils der Erste der beiden Paare hat den Ball und steht neben dem vordersten Hütchen. Nun werfen die Paare abwechselnd auf den Korb. Trifft ein Paar, so darf es sich neben das nächsthintere Hütchen stellen und versuchen, von dort aus zu treffen. Wird nicht getroffen, so muss es wieder ein Hütchen nach vorne wandern. Welches der beiden Paare ist als Erstes am letzten Hütchen angelangt?
Station 2:	Die Partner stehen hintereinander, der Vordere hat wiederum den Ball. Abwechselnd versuchen die Schüler nun, den Ball so zu werfen, dass er hinter der höchsten Sprosse liegen bleibt (1 Punkt). Welches der beiden Paare schafft mehr Punkte?
Station 3:	Die Partner stehen hintereinander, der Vordere hat den Ball. Die Paare werfen abwechselnd. Bleibt der Ball im kleinen Kasten liegen, so erhält das jeweilige Paar einen Punkt. Welches Paar erzielt mehr Treffer?
Station 4:	Hier stehen sich die Partner gegenüber und versuchen durch ihren Reifen zu treffen. Es gibt nur einen Punkt, wenn der Ball ohne Berührung durch den Ring fliegt. Berührt der Ball den Ring, so muss dieses Paar wieder bei Null beginnen. Welche Gruppe hat am Ende die meisten Punkte?
Station 5:	Die Partner stehen hintereinander, der Vordere hat den Ball. Geworfen wird abwechselnd. Punkte gibt es, wenn der Ball hinter dem Band vorbeifliegt, ohne es zu streifen. Welches Paar sammelt die meisten Punkte?
Station 6:	Die Schüler überlegen sich in der Gruppe ein Spiel, das sie mit den Dingen, die bereitliegen, spielen können. Dabei sollen sie an das Stundenthema denken. Wer gewinnt?
Reflexion –	Probleme, Schwierigkeiten, Freude ... „Welches Paar hat die meisten Stationen gewonnen?“

Alternative:
Auch an diesem didaktischen Ort wäre eine gute Möglichkeit, kompetenzorientiert zu unterrichten: Die Schüler entwickeln in Gruppen selbstständig einen Wurfparcours zum Thema „Positionswurf“. Die Lehrkraft stellt hierfür Material zur Verfügung.

Ausklang/Abbau

Sitzkreis

Den Abbau der einzelnen Stationen übernehmen die Schüler, die die jeweiligen Stationen schon zu Stundenbeginn aufgebaut haben.

Station 1

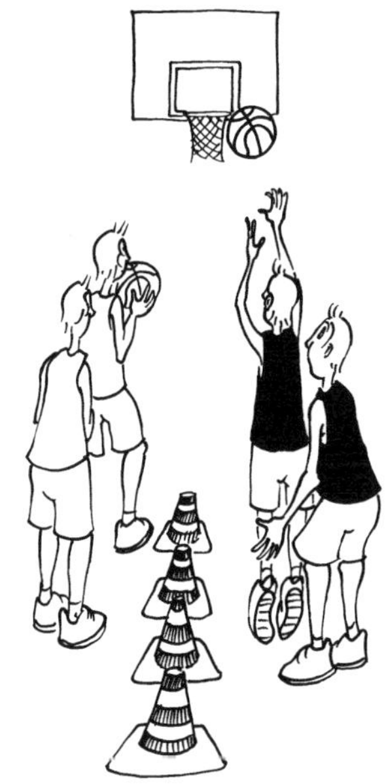

Material	- 4 Hütchen - Basketballkorb

Station 2

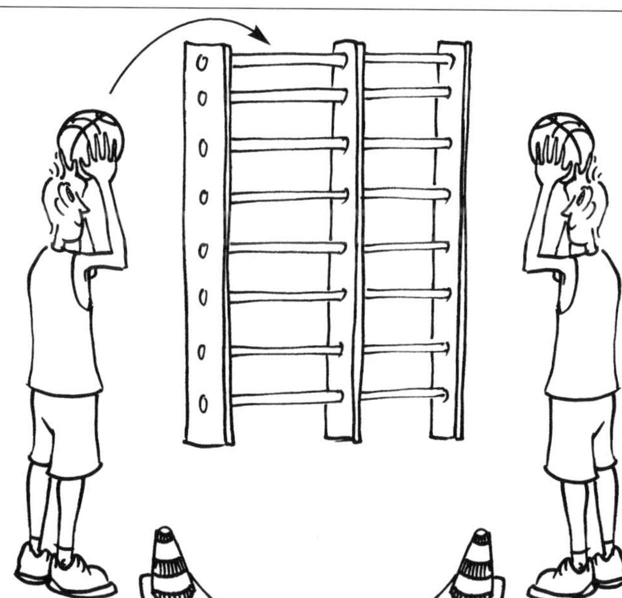

Material	- 2 Hütchen - Sprossenwand

Station 3

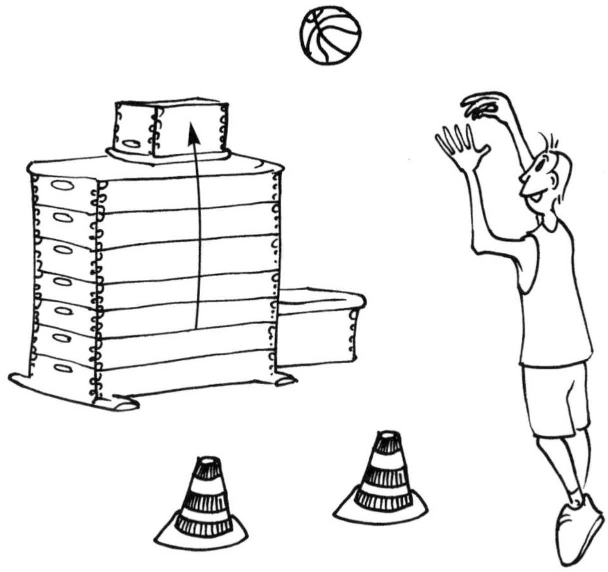

Material	- 1 großer Kasten, 1 Stuhl - 1 kleiner Kasten - 2 Hütchen

Station 4

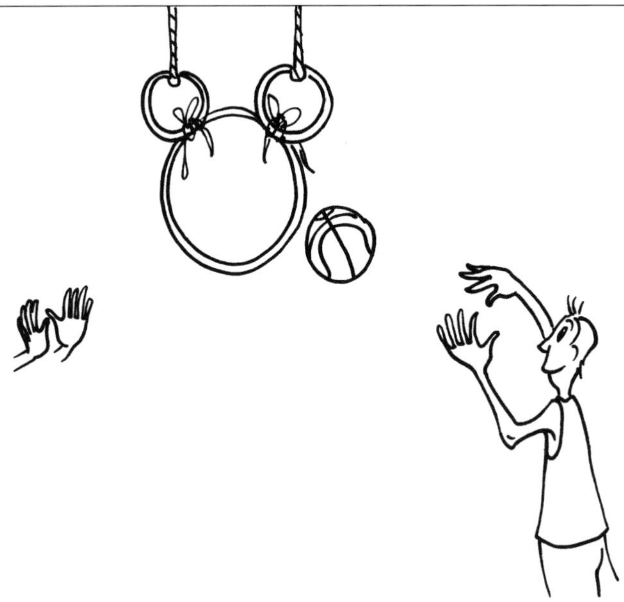

Material	- 2 Gymnastikreifen - Ringe - 4 Sprungseile (zum Befestigen)

Station 5

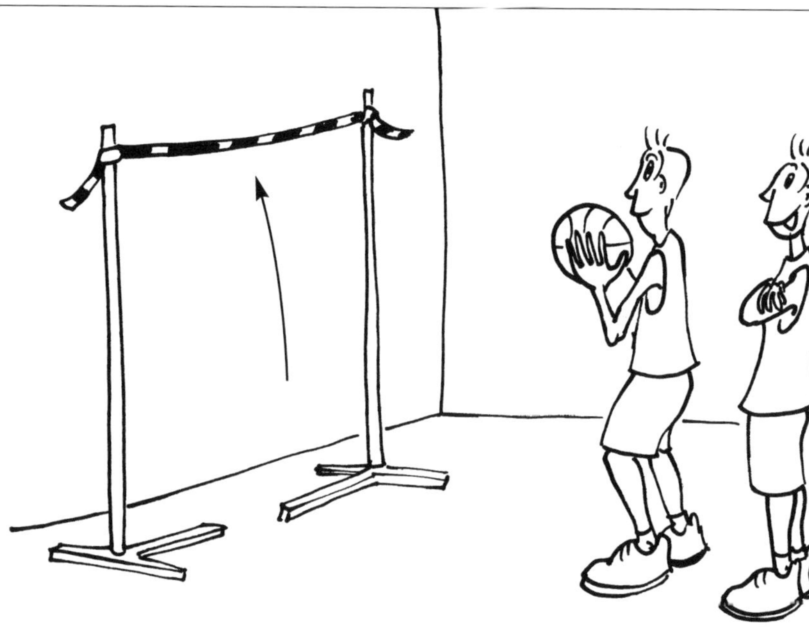

Material	– 2 Hochsprungständer – 2 m Bauband (50 cm Abstand von der Wand)

Station 6

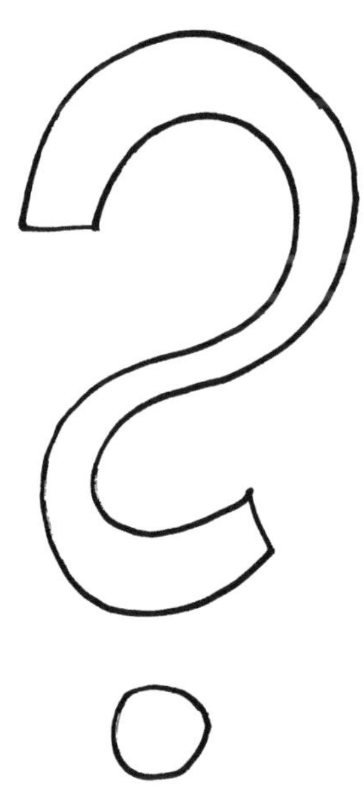

Material	– 2 Papierkörbe – 2 Gymnastikreifen

Thema: „Wir üben spielerisch den Positionswurf!"

LERNZIELE
Einführung verschiedener, kleiner Spiele im Basketball
Festigung der Technikschwerpunkte
Festigung der Technik des Positionswurfes

ZEIT
90 Minuten
Auch hier ist die Zeit wieder variabel gestaltbar, da die Spielformen bei Schülern sehr beliebt sind. Die verschiedenen Spiele als Turnierform ausgetragen, sind zu jeder Zeit im Schuljahr einsetzbar und sind auch dankbare Vertretungsstunden.

MATERIAL
Einstiegsbild – Positionswurf
Basketbälle
Gymnastikreifen
Evtl. Teppichfliesen
CD-Spieler
Musik

Unterrichtsverlauf

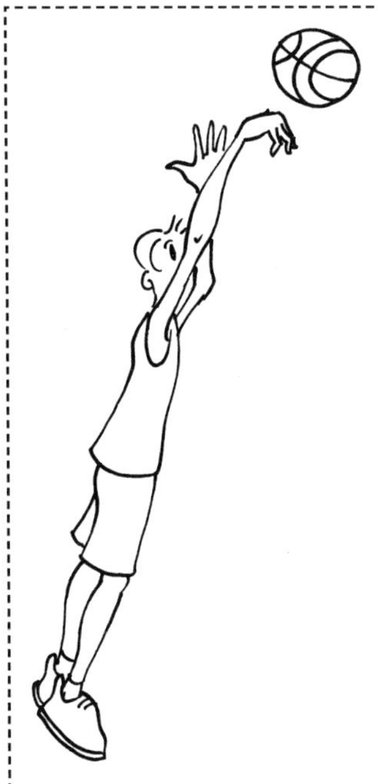

Einstieg

Sitzkreis

Lehrer zeigt Bild mit Positionswurf (vergrößern!).
Schüler vermuten und formulieren Zielfrage.

Zielformulierung: **„Wir üben den Positionswurf!"**

Allgemeine Erwärmung

Sitzkreis

Spiel: „Reifendribbling"

Klärung der Spielregeln im Sitzkreis, Basketbälle, Gymnastikreifen, CD-Spieler, Musik: Ferry and Garnefski – „Doop – Urge 2 Merge Radio Mix" (3:34)

Organisation/Aufbau

- Die Klasse wird in 2 gleich große Gruppen aufgeteilt.
- Eine Gruppe bekommt Gymnastikreifen, die andere Gruppe bekommt Basketbälle.
- Freie Aufstellungsform in der Halle.

Spielerklärung

Die Schüler, die einen Reifen haben, verteilen sich in der Halle und stellen den Reifen senkrecht am Boden auf. Sobald ein Schüler mit einem Ball auf einen „Reifenschüler" trifft, dribbelt dieser durch den Reifen. Nach dem Durchdribbeln wechseln die Schüler die Rolle, der Dribbler wird zum Reifenschüler und umgekehrt.

Spezielle Erwärmung

Mittelkreis, je Übung 10–15 Sekunden, jeder einen Ball

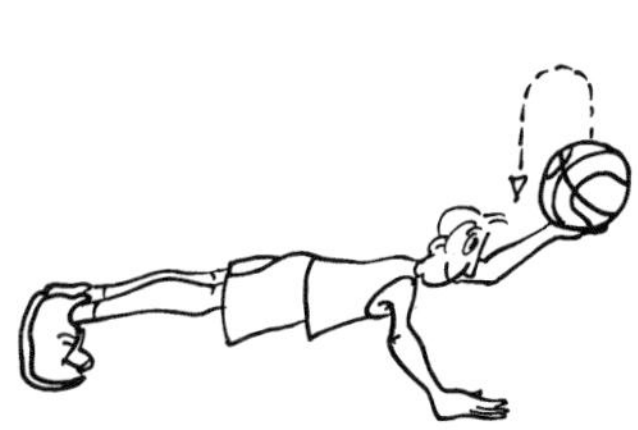

„Akrobat" – 10 ×

Liegestütz, in einer Hand der Ball, die andere Hand am Boden. Ball wird mit einer Hand hochgeworfen und mit der anderen Hand wieder aufgefangen. (Differenzierung: leistungsschwächere Schüler können die Knie auflegen.)

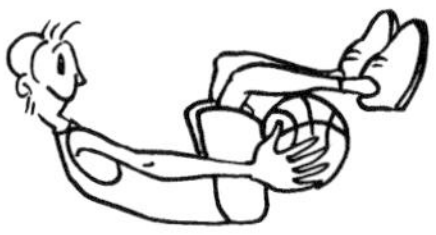

„Ballwanderung" – 10 ×

Rückenlage, Beine angewinkelt, Kopf weg vom Boden. Der Ball wandert um die angewinkelten Beine.

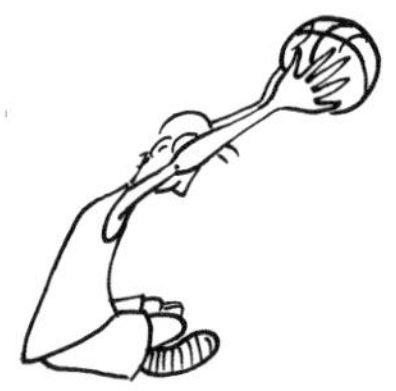

„Der Bucklige" – 10 Sek.

Schneidersitz, Schüler halten Ball so hoch wie möglich. Wirbelsäule aufrichten und den Oberkörper so weit wie möglich nach vorn neigen. Der Rücken bleibt gerade.

Hauptteil

Hinweis

In der folgenden Unterrichtseinheit werden verschiedene Spielformen aufgezeigt, in der die Schüler die zuvor eingeführte Technik des Positionswurfes spielerisch festigen können. Natürlich kann man sich auf eine Auswahl beschränken und muss nicht alle Spielformen in einer Unterrichtseinheit durchführen.

Spielphase

Bei den einzelnen Turnierformen kann auch der „Klassen-Meister" der einzelnen Spielformen herausgespielt werden. Für diese Art der Turnierform habe ich persönlich ein Trikot eines Bundesligaspielers der Brose Baskets Bamberg, das der Gewinner bis zur nächsten Turnierform im Sportunterricht tragen darf.

1. Spiel: „Weltreise"

Klärung der Spielregeln im Sitzkreis

Organisation/Aufbau

- 2er-, 3er- oder 4er-Gruppen.
- Jede Gruppe erhält einen Ball.
- Bild von der Basketballzone (Kopiervorlage).
- Basketballkorb.

Spielerklärung

Die Schüler werfen in einer festgelegten Reihenfolge von Punkten des Zonenrandes auf den Korb. Zum Klären der „Wurfpunkte" das Bild der Zone verwenden. Wer getroffen hat, geht zur nächsten Position und darf noch einmal werfen. Wer verwirft, muss den Ball weitergeben. Sieger ist, wer als Erster um die Welt gewandert ist, also der, der zuerst von allen Positionen aus getroffen hat.

Variation: Die Schüler werfen von ausgelegten Teppichfliesen aus und dürfen erst zur nächsten Fliese, wenn sie einen Korberfolg erzielt haben (Teppichfliesen evtl. nummerieren).

Kopiervorlage

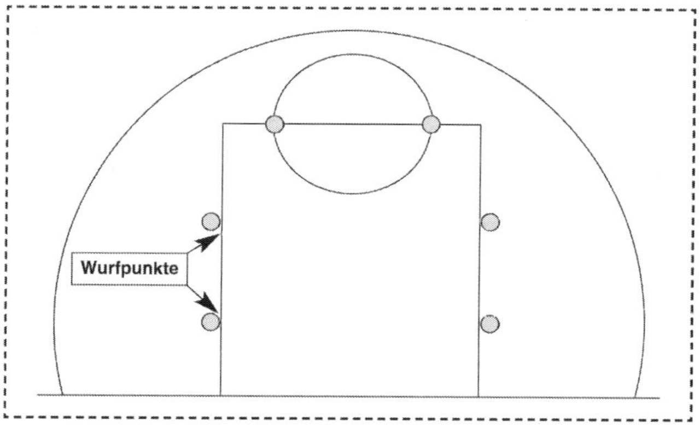

2. Spiel: „Idiot“ (eigentlicher Spielname: „Horse“)

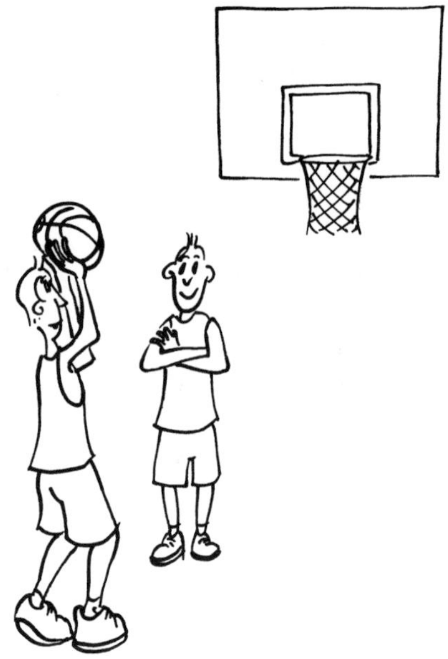

Klärung der Spielregeln im Sitzkreis

Organisation/Aufbau

- 2er-, 3er- oder 4er-Gruppen
- Jede Gruppe erhält einen Ball.
- Basketballkorb

Spielerklärung

Schüler A beginnt und wirft von einem beliebigen Ort aus auf den Korb. Wenn er einen Korb erzielt, muss Schüler B von der gleichen Stelle aus werfen. Trifft er auch, dann beginnt das Ganze von vorn. Trifft Schüler B nicht, so bekommt er den ersten Strafbuchstaben „I“ und Schüler A kann sich einen neuen beliebigen Wurfort aussuchen. Trifft Schüler A nicht, dann kann sich Schüler B einen neuen beliebigen Wurfort aussuchen. Verlierer („Idiot“) ist der, der als Erster alle Strafbuchstaben gesammelt hat. Bei pädagogischen Bedenken können auch andere Wörter bestimmt werden, wie z. B. Elefant, Kasper …

3. Spiel: „Rebound“

Klärung der Spielregeln im Sitzkreis

Organisation/Aufbau

- 2er-, 3er- oder 4er-Gruppen
- Jede Gruppe erhält einen Ball.
- Basketballkorb

Spielerklärung

Die spielenden Schüler legen untereinander eine feste Reihenfolge fest, die über die ganze Spielzeit bestehen bleibt. Anfangsort ist die Freiwurflinie. Schüler A beginnt und wirft auf den Korb. Trifft er, so darf er noch einmal werfen (Anfangsort – Freiwurflinie). Pro Korb gibt es einen Punkt. Verwirft er, so muss Spieler B den Ball fangen, bevor er das zweite Mal am Boden aufkommt. Er muss dann von der Fangstelle aus werfen. Sollte ein Spieler weder den Ring, den Korb noch das Brett treffen („Airball“), so darf der nachfolgende Spieler vom Anfangsort beginnen. Der Sieger kann nach einem vorgegebenen Zeitraum oder nach einer vorgegebenen Punktzahl bestimmt werden.

Ausklang

Sitzkreis

Am Ende der Einheit erfolgt eine kurze Reflexion im Sitzkreis, um eventuelle Schwierigkeiten, Technikschwerpunkte, Strafnamen etc. zu besprechen.

6. Einführung - Korbleger

Technikbeschreibung

Beim Korbleger wird der Wurf aus der Bewegung heraus und unmittelbar am Korb ausgeführt. Der Rechtswerfer geht in der Schrittfolge links (Absprung und Ballannahme in der Luft) – rechts (erster Bodenkontakt) – links (zweiter Bodenkontakt, Absprung möglichst senkrecht nach oben) zum Korb. Wie beim Standwurf wird der Ball mit beiden Händen dicht am Körper nach oben geführt und nach einem Sprung aus dem Zweierkontakt in den Korb gelegt. Man unterscheidet den Druckwurf-Korbleger und den Unterhandkorbleger.
Beim Druckwurf-Korbleger wird der Ball sicher und kontrolliert wie beim Standwurf geworfen.
Beim Unterhandkorbleger wird die Wurfhand während der Aufwärtsbewegung unter den Ball gebracht und die Finger zeigen Richtung Korb („finger-roll").

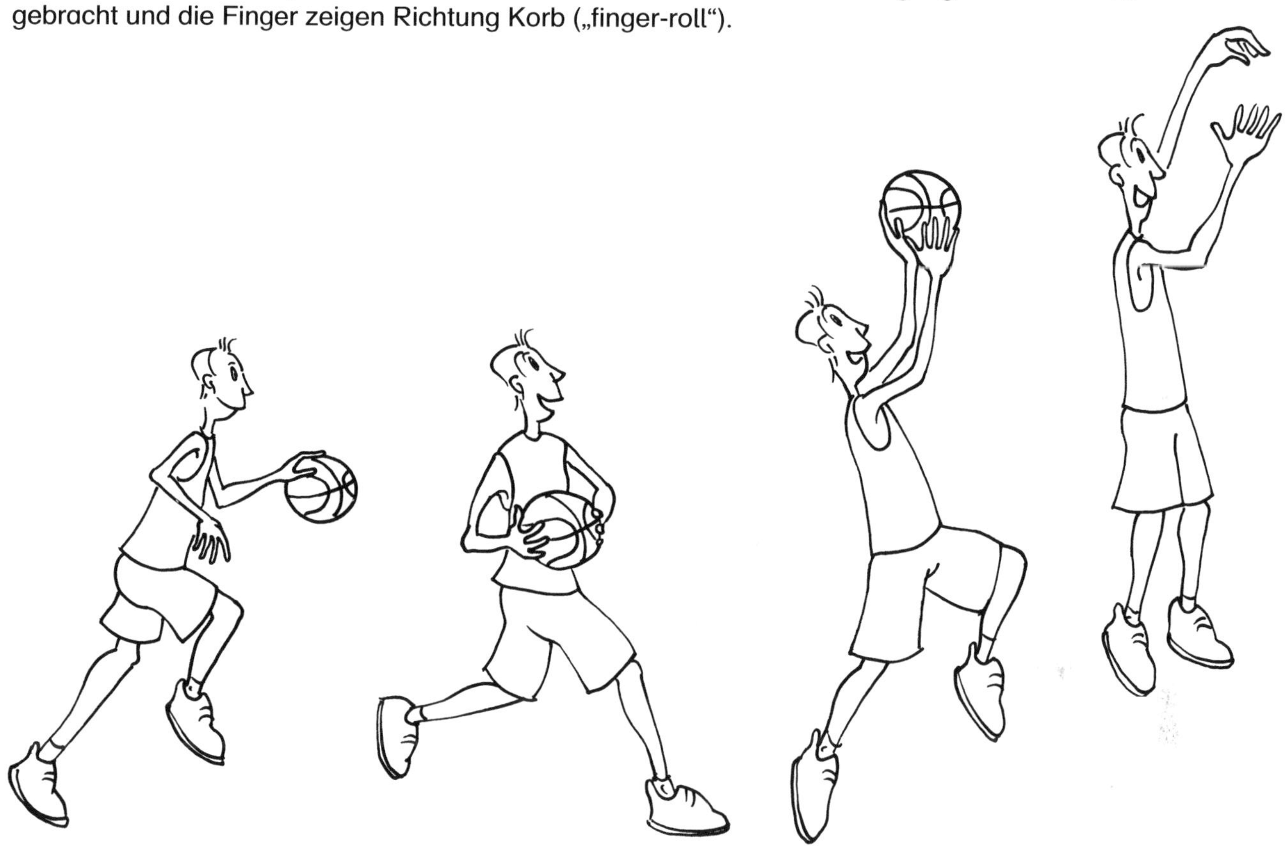

Thema: „Wir lernen den Korbleger! (Druckwurf- Korbleger)"

LERNZIELE	Fertigkeiten im Dribbling stabilisieren Korbleger lernen anhand einer methodischen Übungsreihe
ZEIT	90 Minuten
MATERIAL	Basketbälle Hütchen Bodenmarkierungen (alternativ: Klebeband) Bildreihe vom Korbleger mit Wortkarten

Hinweis

In der vorliegenden Unterrichtseinheit wird der Korbleger von der rechten Seite eingeführt. Um den Aspekt der Beidseitigkeit zu beachten, sollte die darauffolgende Unterrichtseinheit den Korbleger von links einführen. So müssen außerdem Links- und Rechtshänder nicht unterschiedlich behandelt werden.

Unterrichtsverlauf

Einstieg

Sitzkreis

Lehrer demonstriert Korbleger.
Schüler vermuten und formulieren Zielfrage.

***Zielformulierung:* „Wir lernen heute den Korbleger!"**

Allgemeine Erwärmung

freie Aufstellung in der Halle, jeder Schüler einen Ball

Die Schüler und der Lehrer dribbeln in der Halle, wobei der Lehrer verschiedene Dribbelaufgaben stellt.

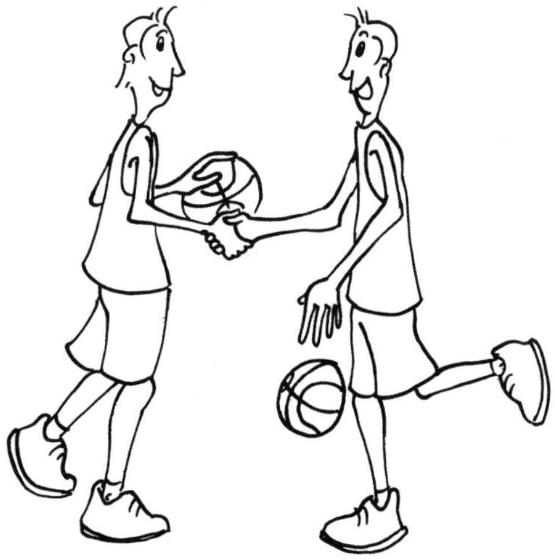

Arbeitsaufträge

- Freies Dribbeln im Traben
- Dribbeln mit Handwechsel
- Dribbeln im Stehen, Knien, Sitzen ...
- Begrüßungsspiel – die Schüler dribbeln auf engem Raum und begrüßen die anderen Schüler per Handschlag und Augenkontakt – kurzes Gespräch (Name, Geburtstag ...), dabei weiterdribbeln.

Spezielle Erwärmung

Mittelkreis, je Übung 10–15 Sekunden, jeder einen Ball

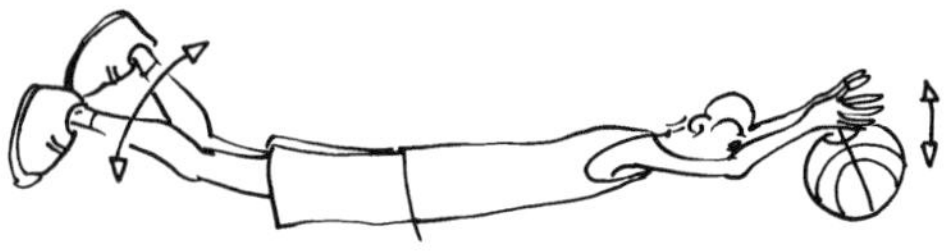

„Flipper" – ca. 10 Sek.

Bauchlage, Ball wird zwischen die Hände genommen, Schüler strecken Arme und Beine. Arme und Beine weg vom Boden, Beine zappeln gestreckt, Arme dribbeln den Ball (Bauch und Po fest anspannen, Kopf nicht ins Genick nehmen – Halswirbelsäule!).

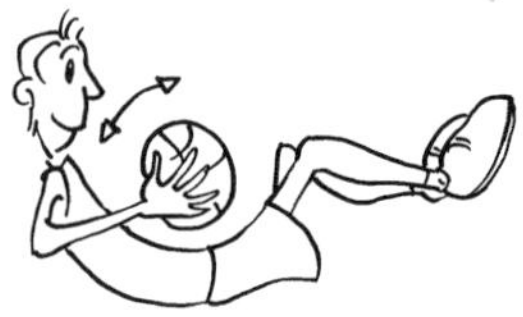

„Pumpe" – ca. 10 Sek.

Rückenlage, Beine angewinkelt, Kopf weg vom Boden. Der Ball wird vor der Brust gehalten. Der Oberkörper pumpt auf und ab (Sit-ups).

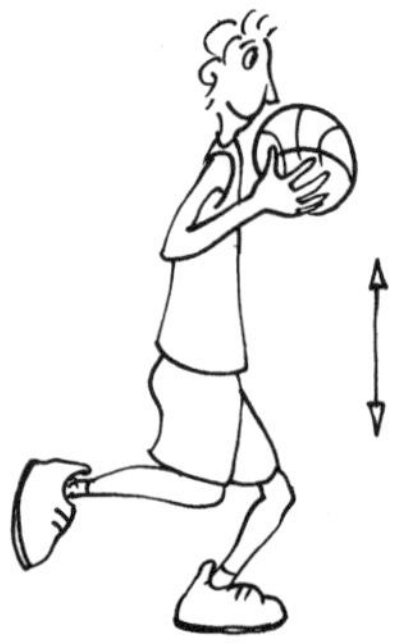

„Aufzug" – 8 × pro Bein

Schüler stehen auf einem Bein, Ball in der Vorhalte (einbeinige Kniebeuge).

Hauptteil

Wiederholung der Technikschwerpunkte

Sitzkreis, Bildreihe, Lehrerdemo

Lehrer klärt im Unterrichtsgespräch die wichtigsten Technikelemente des Korblegers anhand einer Bildreihe. Dazu legt er die einzelnen Bilder in den Kreis und lässt sie von den Schülern in die richtige Reihenfolge bringen. Anschließend werden mit Hilfe der Wortkarten die einzelnen Phasen des Korblegers verbalisiert (Kopiervorlage).

Danach demonstriert Lehrer Korbleger in Feinform.

Übungsphase – Methodische Übungsreihe

Klärung der Übungen im Sitzkreis

Organisation/Aufbau

- Klasse in 2–3 Gruppen aufteilen (je nach Schülerzahl).
- Jede Gruppe erhält einen Ball.
- Fußmarkierungen für die Schrittfolge (alternativ: Klebestreifen).
- Hütchen.

Übungserklärung

Fußmarkierungen und Hütchen werden so aufgestellt, dass die Hütchen den Anlaufpunkt markieren und die farbigen Fußmatten die Schrittfolge am Boden zeigen (alternativ zu Fußmatten kann man Klebestreifen als Buchstaben verwenden: L – R für linker Fuß – rechter Fuß – …). Lehrer wechselt zwischen den Gruppen hin und her. Bei Beherrschung der einzelnen Stufen leitet Lehrer die nächste Stufe ein.

1. Stufe

Wiederholung des Positionswurfes aus 1–2 m Entfernung, seitlich nach rechts versetzt. Wurf in den Korb erfolgt indirekt über das Basketballbrett (eventuell bei Schwierigkeiten von einem kleinen Kasten aus werfen lassen!).

2. Stufe

Aus einem Angehschritt den Ball in die Wurfauslage bringen – Pause – Wurf auf Korb (Schwungbeineinsatz – rechtes Knie hoch!).

3. Stufe

Schrittfolge „links-rechts-links" ohne Dribbling mit anschließendem Korbwurf im Sprung. Hier läuft der Schüler los und bekommt zwischen dem 1. und 2. Schritt den Ball von einem Mitspieler wie auf einem Tablett serviert.

4. Stufe

Schrittfolge „links-rechts-links" mit einem Bodenkontakt des Balles und anschließender Ballaufnahme, dann Korbwurf. Wichtig ist die Rhythmisierung, Schüler sprechen mit (Beispiel: „Datz" für Bodenkontakt, „Fang" für Ballaufnahme, „Wurf" für Korbwurf).

5. Stufe

Dribbelnd angehen mit Ballaufnahme und Korbwurf.
Anschließend Markierungen vom Boden entfernen und Reflexion: Schwierigkeiten, Erfolge …

Spielphase

Klärung der Übungen im Sitzkreis

Organisation/Aufbau

- Gruppen bleiben bestehen.
- Jede Gruppe einen Ball und ein Hütchen.

Spielerklärung

Die Gruppen führen ein Korblegerturnier durch. Lehrer stoppt die Zeit. Die Gruppe mit den meisten Treffern ist Sieger. Anschließend spielen die Schüler in Dreiermannschaften Streetball (Basketball auf einen Korb), wobei Korblegertreffer doppelt zählen.

Bildreihe Korbleger

(Wortkarten nach Bildbesprechung dazulegen)

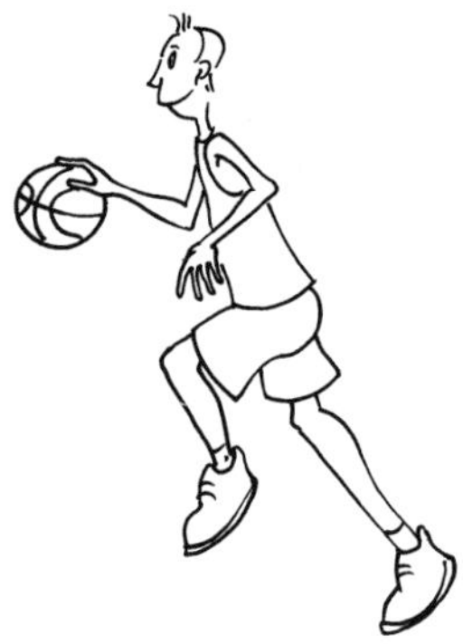

1. Anlauf im Dribbling

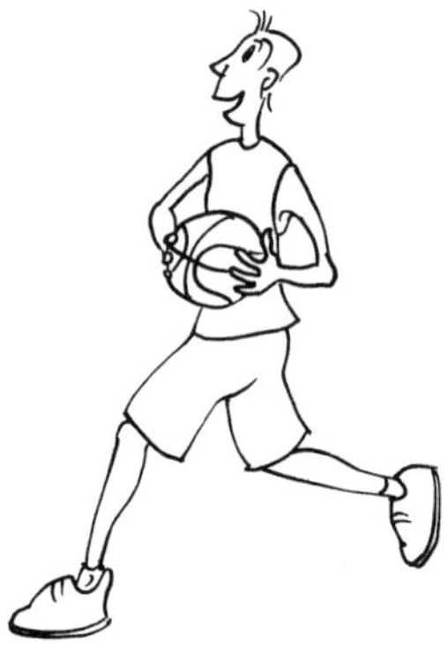

2. Zweierrhythmus

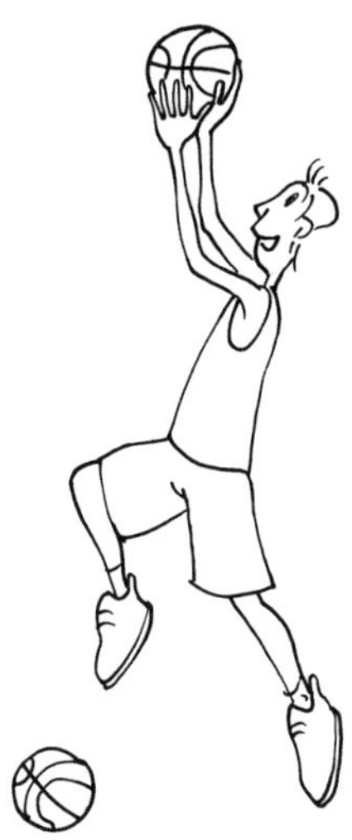

3. Schwungbeineinsatz
4. Ball in Wurfauslage
5. Wurfzeitpunkt – toter Punkt

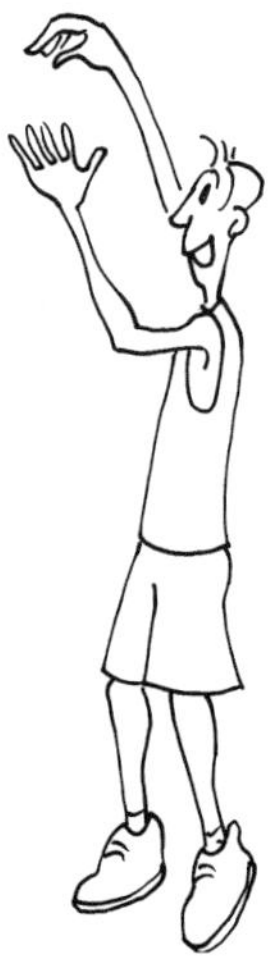

6. Trefffläche des Spielbrettes
7. beidbeinige Landung

7. Verteidigung

Technikbeschreibung

Im Basketball versteht man unter dem Begriff Verteidigungsarbeit die Zusammenfassung von Verteidigungsgrundstellung und Verteidigungsgrundbewegung.

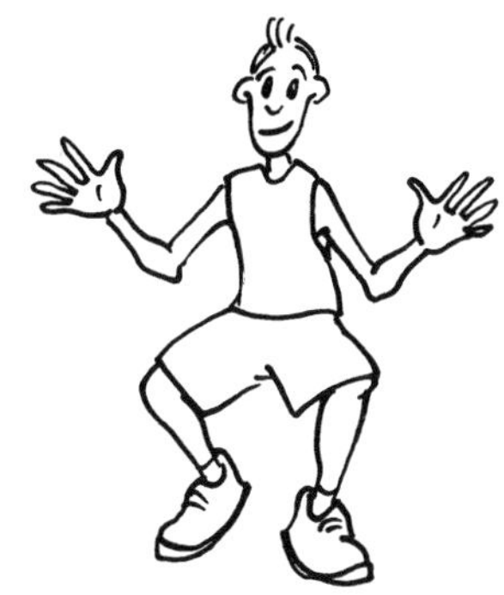

- **Grundstellung**

  Der Verteidiger steht hier in einer weiten Grätschstellung. Die Füße stehen parallel und seine Fußspitzen zeigen nach vorn. Das Gewicht wird auf die Fußballen verlagert, um möglichst schnell und variabel reagieren zu können. Die Knie sind stark gebeugt (ca. 60°), wobei dies durch eine Hüftbeugung nach vorn ausgeglichen wird. Der Oberkörper wird aufrecht gehalten. Der Blick ist auf den Ball bzw. Angreifer gerichtet. Die Arm- und Handhaltung variiert je nach Situation.

- **Verteidigungsbewegung**

  Um effektiv verteidigen zu können, muss die tiefe Grundstellung beibehalten werden. In dieser Haltung ist es dem Spieler möglich, sich in alle Richtungen zu bewegen. Die Beine werden nicht gekreuzt, sondern es wird mit schnellen Seitstellschritten agiert. Bei sehr dynamischer Ausführung können diese Schritte auch kleinen flachen Sprüngen ähneln.
  Bei Verteidigungsbewegungen rückwärts wird der Schritt nach schräg hinten durch Öffnen in der Hüfte begonnen.

Thema: „Verteidigung ist so wichtig!"

LERNZIELE	Erlernen der Grundhaltung in der Abwehr Grundelemente der Abwehrbewegung erlernen Spielerisches Anwenden der Verteidigungsbewegung
ZEIT	90 Minuten
MATERIAL	Einstiegsbild – Abwehrhaltung Basketbälle Sprungseile Gymnastikreifen (alternativ: Fahrradmäntel)

Unterrichtsverlauf

Einstieg

Allgemeine Erwärmung

1. Spiel: „Schwänzchen fassen"

Klärung der Spielregeln im Sitzkreis, jeder Schüler ein Sprungseil

Organisation/Aufbau

- Jeder Schüler bekommt ein Sprungseil, das er halbiert und hinten in seine Hose steckt (T-Shirt in die Hose stecken).
- Freie Aufstellungsform in der Halle.

Spielerklärung

Ziel ist es bei diesem Spiel, möglichst viele „Schwänzchen" zu erobern und dabei das eigene zu schützen. Ist ein weiteres Schwänzchen erobert, so wird es auch hinten in die Hose gesteckt. Es darf immer nur ein Schwänzchen erobert werden.

2. Spiel: „Waden klatschen“

Klärung der Spielregeln im Sitzkreis, 2er-Gruppe

Organisation/Aufbau

- Freie Aufstellungsform in der Halle.
- Alle Waden werden freigelegt. (Lange Turnhosen hochkrempeln!)

Spielerklärung

Die beiden Partner stehen sich in einer tiefen Körperhaltung (Abwehr-Grundstellung) gegenüber. Nun versuchen beide, die Waden ihres Gegenübers abzuklatschen.

Sitzkreis

Lehrer zeigt Bild mit Grundstellung im Basketball und stelt Bezug zu den Spielen her (Kopiervorlage).

Schüler vermuten und formulieren Zielfrage.

***Zielformulierung:* „Wir lernen die Abwehrhaltung beim Basketball!“**

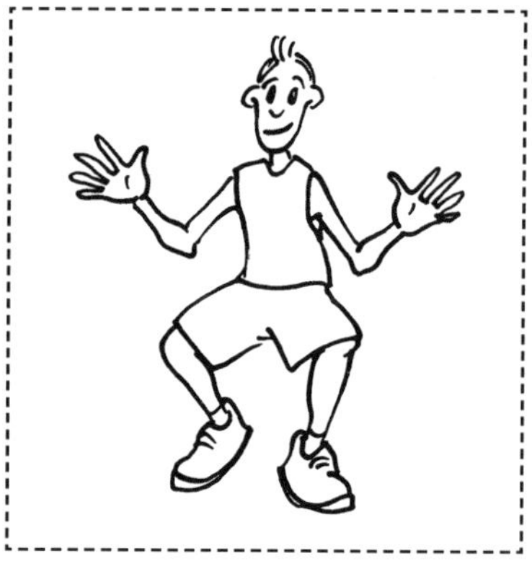

Spezielle Erwärmung

Mittelkreis, je Übung 10–15 Sekunden, jeder einen Ball

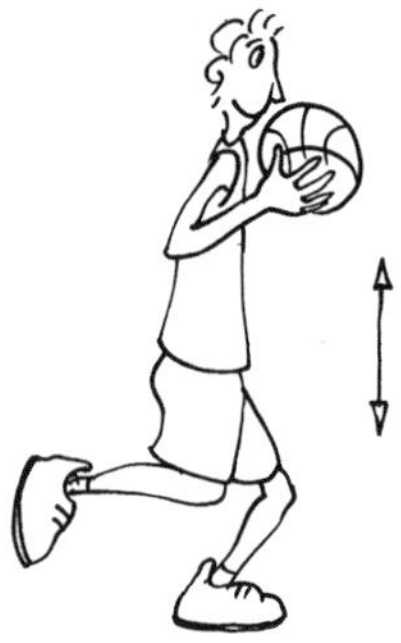

Kreisaufstellung, alles im Dribbeln

„Aufzug mit Ball“ – jedes Bein 10 ×

Schüler stehen auf einem Bein und dribbeln während der Übung weiter mit ihrem Ball (einbeinige Kniebeuge).

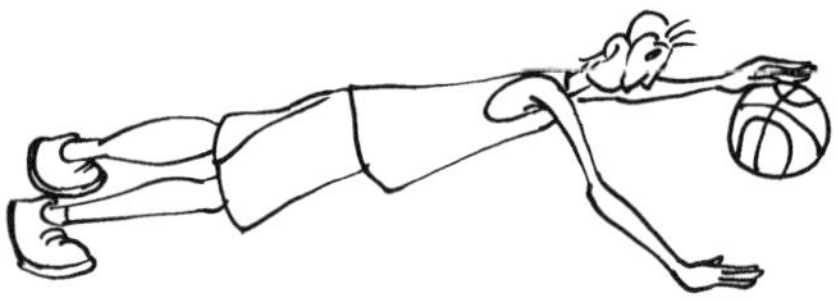

„Ballbrücke“ – jede Hand dribbelt 10 ×

Liegestütz, in einer Hand der Ball, die andere Hand am Boden. Ball wird mit einer Hand gedribbelt. Der Handwechsel erfolgt im Dribbeln. (Differenzierung: leistungsschwächere Schüler können die Knie auflegen.)

Hauptteil

Technikschwerpunkte

Einstiegsbild (Kopiervorlage), Lehrerdemo

Lehrer klärt im Unterrichtsgespräch mit Hilfe einer Lehrerdemonstration und des Einstiegsbildes die Technikschwerpunkte der Abwehrhaltung.

- Leicht gespreizte Beinstellung
- Knie leicht gebeugt
- Arme zur Abwehr „ausgebreitet“

Vorbereitende Übung

Klärung der Übung im Sitzkreis

Organisation/Aufbau

- Klasse verteilt sich in der ganzen Halle.

Übungsklärung

1. Die Schüler laufen frei durch die Halle. Sobald der Lehrer in die Hände klatscht, bleiben die Schüler in der zuvor besprochenen Abwehrhaltung stehen. Die Schüler verbessern sich gegenseitig. Wenn die Schüler auf der Stelle stehen, ist es ein Leichtes, auch selbst Korrekturen vorzunehmen bzw. Ansagen zu machen. Beherrschen die Schüler die Abwehrhaltung, so kann man die Abwehrtechnik weiterentwickeln.
2. Das **„Quivern“** wird nun eingeführt, um möglichst schnell in alle Richtungen agieren zu können. Dies ist ein schnelles Fußdribbeln auf der Stelle (in Abwehrhaltung!), wobei die Füße nur knapp über den Boden gehoben werden. Klatscht der Lehrer, so legen sich alle Schüler schnell flach auf den Boden. Mehrfach wiederholen (Intensität gut variierbar).

Anschließend werden die beiden neu gelernten Bewegungen in ein Spiel verpackt.

Spielphase

1. Spiel: „Der Schattendrill“

Klärung der Übung in Blockaufstellung

Organisation/Aufbau

- Blockaufstellung der Schüler
- Lehrer steht frontal vor der Gruppe

Spielerklärung

Die Schüler und der Lehrer stellen sich der Skizze entsprechend auf. Auf Kommando des Lehrers beginnen die Schüler zu quivern. Die Abwehrhaltung wird während des Spiels ständig beibehalten. Die Schüler achten nun auf die Kommandos, die sie möglichst synchron und schnell ausführen müssen. Die Kommandos können per Handzeichen oder verbal erfolgen:

- Nach rechts/links
- Nach vorne/hinten
- Flach auf den Boden legen
- Rolle vorwärts
- Ein Pfiff ist das Zeichen für einen Sprint zur anderen Hallenseite
- …

Tipp: Wenn der Lehrer es hier schafft, einen etwas militärischen Ton anzuschlagen, so ist schnell zu beobachten, dass die Schüler unheimlich motiviert sind!

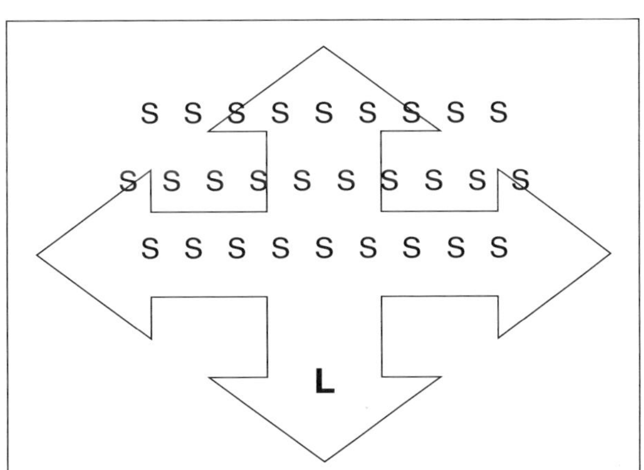

Aufstellung für den „Schattendrill“

2. Spiel: „Not in my house“

Sitzkreis

Organisation/Aufbau

- 2er-Gruppen
- Partnerweise einen Ball
- Zwei Gymnastikreifen für jedes Paar (alternativ: alte Fahrradmäntel)

Spielerklärung

Die beiden Schüler legen ihre Gymnastikreifen im Abstand von ca. 1–2 m auf den Boden. Ein Schüler hat den Ball und versucht in einen der beiden Reifen zu dribbeln. Der Partner soll dies mit den gelernten Abwehrbewegungen verhindern. Die Aufgabe wird für den Abwehrspieler schwieriger, wenn der Abstand der Reifen vergrößert wird.

3. Spiel: „Fischers Fritz fischt viele Bälle“

Sitzkreis

Organisation/Aufbau

- Ein Schüler steht auf der einen Seite der Halle ohne Ball, er ist der Fritz.
- Die anderen Schüler stehen jeder mit einem Ball gegenüber auf der anderen Seite der Halle.

Spielerklärung

Das Spiel funktioniert im Grunde wie das bekannte Spiel „Schwarzer Mann“. Die Schüler versuchen die andere Seite der Halle (es muss gedribbelt werden) zu erreichen. Wer seinen Ball an Fritz verliert, wird ebenfalls zum Fritz. Vorher muss er allerdings den verlorenen Ball aufräumen. (Verloren ist der Ball, wenn Fritz ihn abnehmen oder wegschlagen kann.)

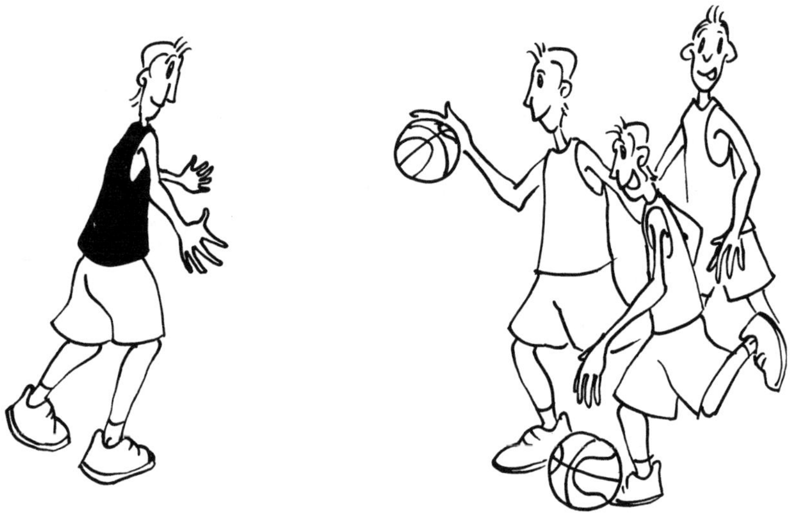

4. Spiel: „Strategie-Streetball“

Sitzkreis

Organisation/Aufbau

- Ein Spielfeld mit zwei Basketballkörben
- Drei 3er-Gruppen pro Feld
- Pro Feld ein Basketball (Kleinfeld bzw. Querfeld wäre ideal)

Spielerklärung

Bei dieser Spielform spielen drei Teams (Team A, B, C) auf einem Kleinfeld gegeneinander. Team A und B stehen zu Beginn jeweils unter einem Korb. Team C greift Team A an und versucht einen Korb zu erzielen. Bei Ballverlust oder erzieltem Korb bleibt Team C unter diesem Korb stehen und Team A läuft zum gegenüberliegenden Korb, unter dem Team B zur Verteidigung wartet. Dort versucht dann Team A einen Korb zu erzielen usw.
Bei diesem Spiel haben die Schüler Zeit, sich untereinander zu besprechen und ihre Abwehr in Ruhe für den nächsten Angriff zu formieren.

Ausklang

Sitzkreis

Nun sollte noch eine kurze Reflexionsphase erfolgen, da die Schüler durch geschulte Abwehrhaltung und Abwehrbewegung neue Erfahrungswerte im Spiel sammeln konnten und diese untereinander austauschen wollen.

8. Profitrainingslager-Stationsbetrieb

Thema: „Wir trainieren wie NBA-Profis!"

LERNZIELE	Erlernte Techniken in Spielformen anwenden Koordination durch ein Minitramp verbessern
ZEIT	90 Minuten
MATERIAL	Einstiegsbild von einem Dunkin (Kopiervorlage) Karten für „Kommando Pimperle" CD-Spieler, Musik Basketbälle, Minitramp

Vorbemerkung:

Bei dem folgenden Stationsbetrieb ist es vonnöten, einen „Minitramp-Schein" zu besitzen. Sollte dieser Schein nicht vorhanden sein, kann eine andere Station doppelt aufgebaut werden oder eines der Spiele aus der Unterrichtseinheit „Positionswurf" durchgeführt werden.

Unterrichtsverlauf

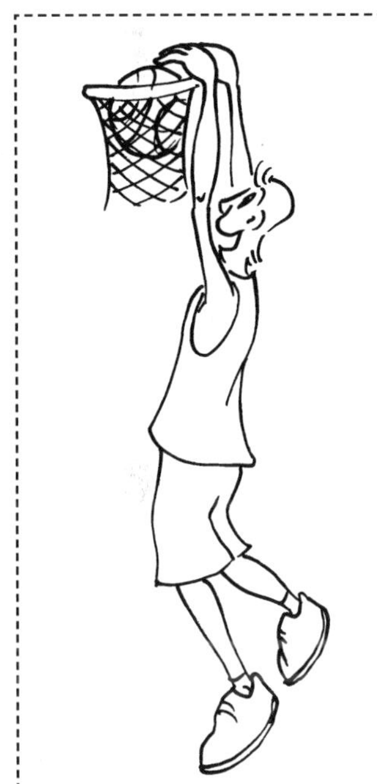

Einstieg

Sitzkreis, Einstiegsbild
Lehrer zeigt Bild mit einem Dunkin (vergrößern!)

Schüler vermuten und formulieren Zielfrage.

***Zielformulierung:* „Wir trainieren heute wie NBA-Profis!"**

Aufbau der Stationen

Sitzkreis, Stationskarten
Durchsprechen der Stationen und Organisation des Aufbaus. Den Aufbau der einzelnen Stationen übernehmen Kleingruppen. („Jede Gruppe baut eine Station auf. Die, die fertig sind, helfen den anderen.")

Hinweis

Während des Aufbaus sollte das Minitramp hochkant hingestellt werden, damit die Schüler nicht ohne Aufsicht daran turnen.

Allgemeine Erwärmung – Spezielle Erwärmung

Spiel: „Kommando Pimperle"

Klärung der Spielregeln im Sitzkreis, Spielkarten für „Kommando Pimperle", CD-Spieler, Musik: Various Artists – „Gary Glitter – Rock And Roll, Part 2" (3:03)

Organisation/Aufbau
Das folgende Spiel kann so durchgeführt werden, dass beide Phasen der Erwärmung gleichzeitig erfolgen. Voraussetzung dafür ist, dass eine langsame, progressive Leistungssteigerung erfolgt.

- Jeder Schüler erhält einen Ball.

Spielerklärung

Die Schüler dribbeln zwischen den aufgebauten Stationen, während Musik läuft. Der Lehrer schaltet die Musik ab und hält eine Bildkarte hoch. Die Schüler führen die entsprechende Aktion möglichst schnell aus (beliebig wiederholbar). Die Schüler haben den Ball immer bei sich zu führen.

- *„Kommando Kürbisklopfer"* – Schüler legen sich an die Weichbodenmatten, so dass Gesäß und Rücken auf dem Boden und die Unterschenkel auf der Weichbodenmatte liegen. Der Ball wird zwischen die Füße geklemmt. Nun gehen die Schüler hoch und trommeln mit den Händen auf den Ball.
- *„Kommando Flieger"* – Kniestand, Schüler nehmen Ball zwischen beide Hände und strecken die Arme („Macht euch so groß wie möglich!"). Dann in der Hüfte so weit wie möglich nach vorn abknicken, ohne umzufallen.
- *„Kommando Wasser"* – die Schüler begeben sich auf schnellstem Weg auf die Weichbodenmatte.
- *„Kommando Grillwürste"* – alle Schüler legen sich zwischen den Stationen nebeneinander auf den Boden.
- *„Kommando Turm"* – die Schüler bleiben auf der Stelle stehen und machen sich so groß sie können.
- *„Kommando Pyramide"* – die Schüler finden sich zu dritt zusammen. Zwei Schüler heben den Schüler in der Mitte hoch, wobei der Hochgehobene die Bälle in den Arm nimmt.
- *„Kommando Biene Maja"* – alle halten den Ball fest und singen den Titelsong.
- *„Kommando Frosch"* – Ball wird gehalten und Schüler hüpfen quakend durch die Halle.
- *„Kommando Zirkus"* – vier Schüler stehen sich paarweise gegenüber und passen sich gleichzeitig die Bälle zu …

Die Kommandos sind beliebig erweiterbar.

Tipp: Die folgenden Stationskarten am besten auf verschiedenfarbige Kartons kopieren und anschließend laminieren. So bestimmt nicht nur das Bild, sondern auch die Farbe die auszuführende Übung – von überall aus der Halle erkennbar.

Bilderkarten für Kommando Pimperle (Kopiervorlage)

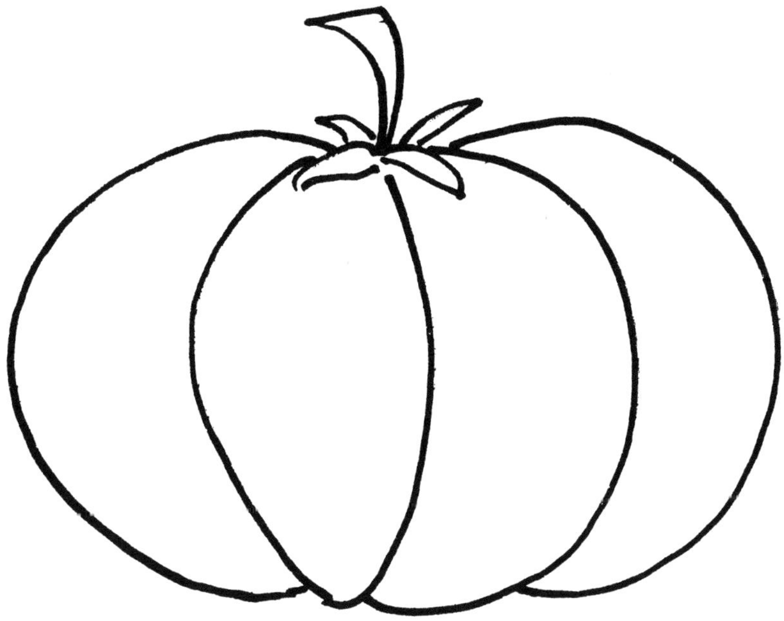

„Kürbisklopfer“

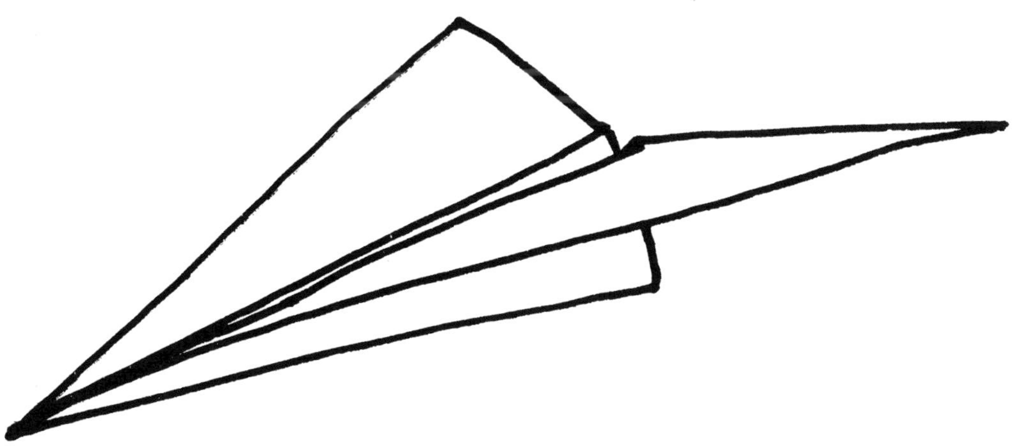

„Flieger“

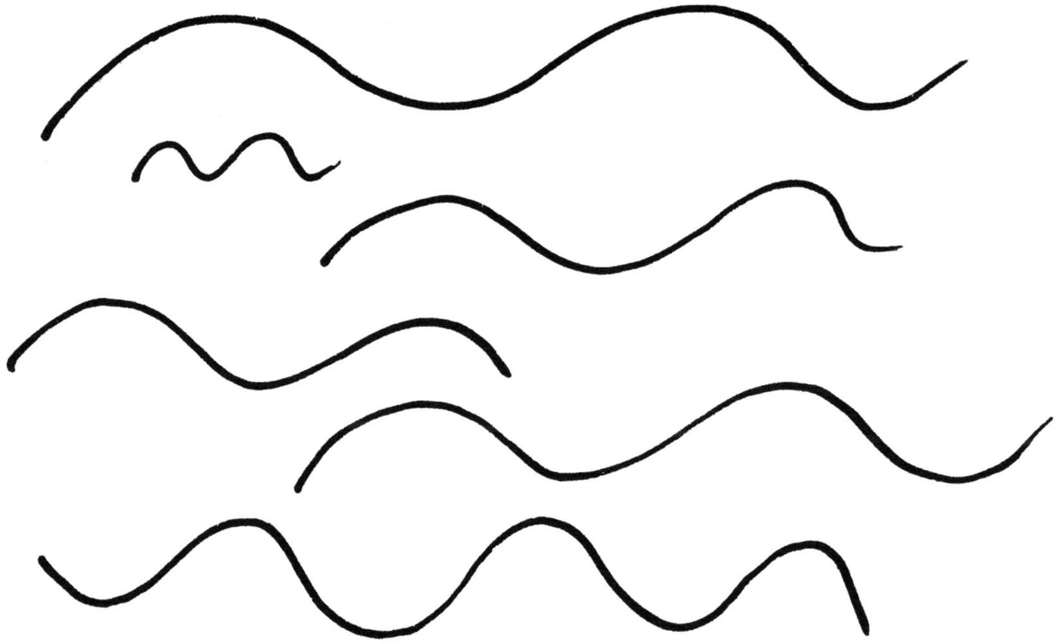

„Wasser“

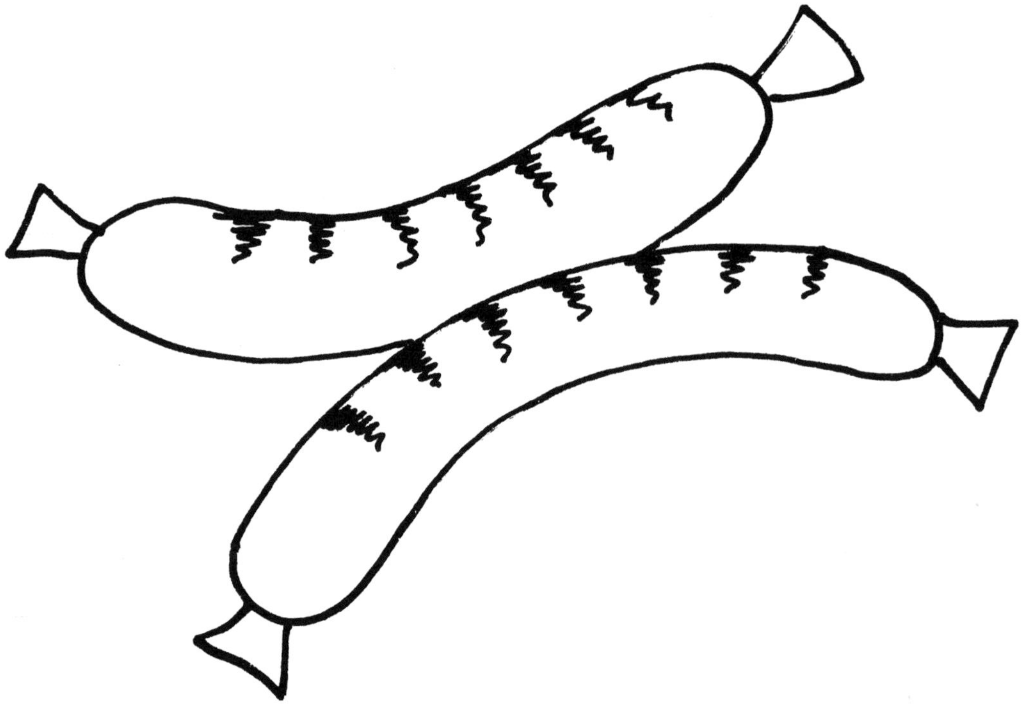

„Grillwürste“

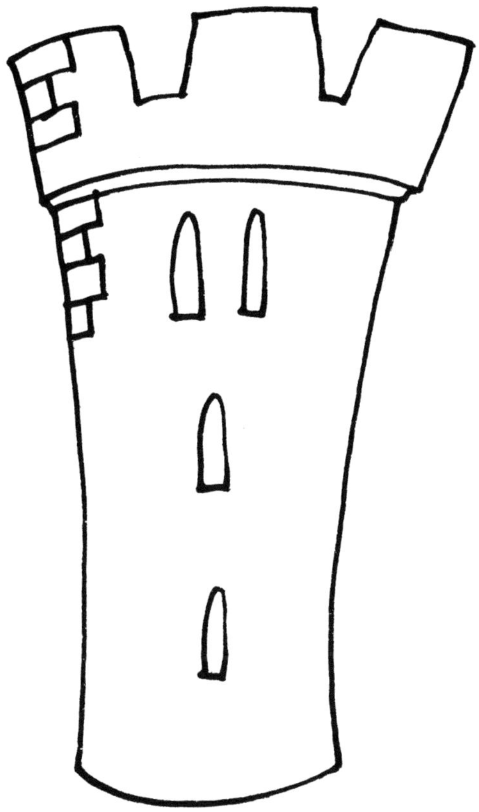

„Turm“

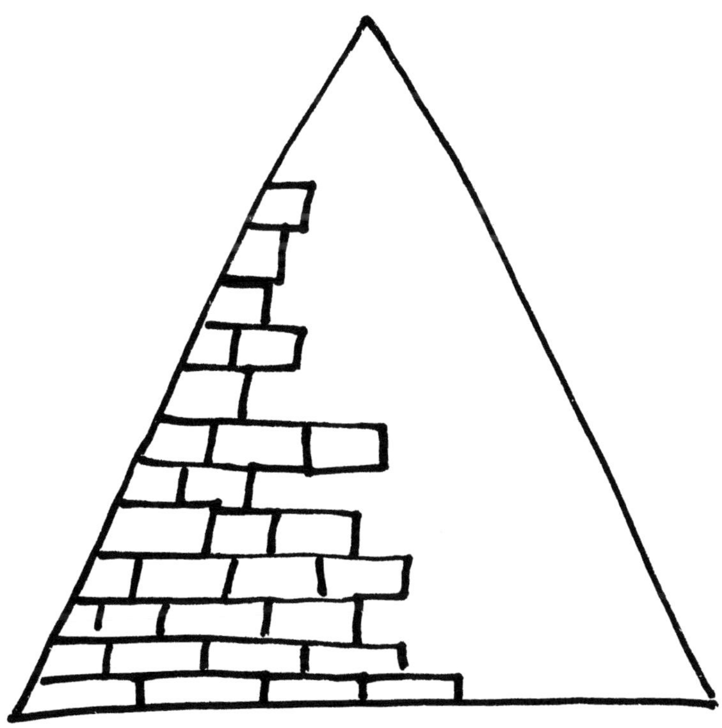

„Pyramide“

Hauptteil

Hinweis

Während der folgenden Phase des Stationsbetriebs sollte wiederum mit Musik gearbeitet werden. Damit Ansagen schnell und effizient durchgeführt werden können, schaltet die Lehrkraft die Musik ab und die Schüler legen die Bälle in die bereitstehenden Kästen.

Stationsbetrieb

Klärung des Stationsbetriebs im Sitzkreis, Stationskarte „Dunkin", CD-Spieler, Musik: „NBA – Starting Line Up" (3:29)

Sicherheitshinweise und Ablauf des Stationsbetriebes mit den Schülern gemeinsam durchsprechen.

- Einteilung in vier gleich große Gruppen, an jede Station eine Gruppe.
- Beim Abschalten der Musik werden die Bälle in die kleinen Kästen gelegt und die Stationen im Uhrzeigersinn gewechselt.
- Stationen werden so verlassen, wie sie vorgefunden wurden (Matten!).
- Die Verweildauer der einzelnen Gruppen an den Stationen sollte so gewählt werden, dass jede Gruppe mindestens einmal jede Station durchläuft.

1. Station: „Korbleger-Zirkel"

Organisation/Aufbau

- Die Gruppe hier wird in Gruppen A und B aufgeteilt.
- 1 Ball (2 Bälle)
- Basketballkorb
- Kleiner Kasten

Spielerklärung

Die Gruppe A steht unter dem Korb hintereinander, die Gruppe B steht 10 m, etwas seitlich vom Korb, entfernt. Die Schüler der Gruppe B dribbeln nun nacheinander mit dem Ball auf den Korb zu und schließen den Lauf mit einem Korbleger ab. Der jeweilige Schüler stellt sich nun ohne Ball hinter die Gruppe A. Den Ball nimmt der Erste der Gruppe A unter dem Korb entgegen und dribbelt zur Gruppe B. Dieser Ball wird dann zum Vordersten dieser Gruppe gepasst. Nun beginnt der Zirkel von vorne. (Zu Beginn nur einen Ball verwenden lassen. Wenn der Ablauf klar ist, dann kann ein zweiter Ball eingeworfen werden.)

2. Station: „Rebound-Spiel"

Organisation/Aufbau

- 1 Ball
- Basketballkorb
- Kleiner Kasten

Spielerklärung

Die Schüler legen eine feste Reihenfolge fest. Nun wirft der erste Spieler von der Freiwurflinie auf den Korb.

- Trifft er, so erhält er einen Punkt und darf so lange werfen, bis er verwirft.
- Wirft er daneben und der Ball berührt den Ring oder das Brett, so muss der nächste Spieler versuchen, den Ball so schnell wie möglich zu fangen und von der Fangstelle aus einen Korb zu erzielen. Der Ball darf vor dem Fangen nicht öfter als einmal auf dem Boden aufkommen, ansonsten kommt gleich der nächste Spieler an die Reihe.
- Wirft ein Spieler vorbei, ohne dass der Ring oder das Brett berührt wird, darf der nachfolgende Spieler von der Freiwurflinie aus neu beginnen. Sieger ist der mit den meisten Punkten.

3. Station: „Dunkin-Station“

Organisation/Aufbau

„Dunkin-Station"

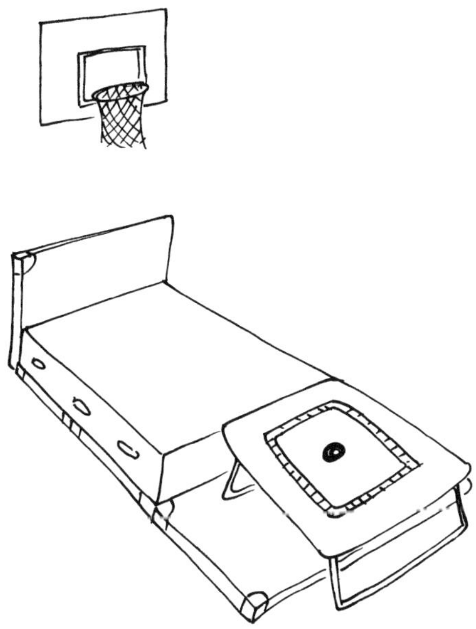

Material	- **3 kleine Matten** - **1 Weichbodenmatte** - **1 Minitramp** - **2 Basketbälle**

Spielerklärung

Die Schüler stehen in einer Reihe und versuchen mithilfe des Minitramps nacheinander möglichst spektakuläre Körbe zu erzielen. Ein „NBA-Star“ darf erst starten, wenn sich kein anderer „Star“ auf der Anlage befindet. Sich an den Korb zu hängen ist verboten, da die Schüler beim Zurückschwingen eventuell loslassen und so auf das Minitramp stürzen könnten.

4. Station: „Streetball“

Organisation/Aufbau

- 2 Mannschaften
- 1 Ball, Basketballkorb

Spielerklärung

Zwei Mannschaften spielen gegeneinander auf einen Korb.

- Fouls werden selbst zugegeben.
- Jeder Korb zählt nur einen Punkt.
- Erzielt die angreifende Mannschaft einen Punkt, so bleibt sie in Ballbesitz („winners out“).
- Holt sich die abwehrende Mannschaft den Ball, so muss sie erst hinter eine festgelegte Linie, bevor sie einen Korb erzielen darf (Freiwurflinie, Dreipunkte-Linie).

Abbau

Am Ende der Stunde bauen die einzelnen Gruppen die Station ab, an der sie zuletzt trainiert haben.

9. Regeln im Basketball

Bei den nachfolgenden Regeln handelt es sich um eine starke Vereinfachung der offiziellen Basketballregeln, ohne hierbei das Ziel dieser Sportart aus den Augen zu verlieren. Da das Gesamtregelwerk sehr umfangreich und kompliziert ist, empfiehlt es sich, mit dieser Vereinfachung zu beginnen und dann je nach Lernfortschritt der Gruppe weitere Regeln einzuführen bzw. zu ergänzen.

Anwendungsmöglichkeiten des Theorieteils

Die folgenden Seiten können auf verschiedene Art und Weise aufgearbeitet werden. Eine Möglichkeit besteht darin, die einzelnen Karten zu laminieren und auszuschneiden. Mit diesen einzelnen Kärtchen kann man während des Unterrichts die Schüler die Schiedsrichterzeichen den jeweiligen Bedeutungen zuordnen lassen und anschließend besprechen. Um reine Regelkunde- bzw. Theoriestunden zu vermeiden, ist es empfehlenswert, die verschiedenen Inhalte wie Regelübertretungen, Foulspiel und Schiedsrichterzeichen in den „Praxisunterricht" einfließen zu lassen.
Eine andere Möglichkeit wäre, die Seiten auf Folie zu kopieren und mit Folienschnipseln auf einem Overheadprojektor zu arbeiten.

Spielidee

Basketball wird von zwei Mannschaften mit 5 Spielern und bis zu 5 Ersatzspielern ausgetragen. Ziel ist es, den Ball von oben in den Korb des Gegners zu werfen und dies bei dem eigenen Korb zu verhindern, ohne dabei zu foulen. Zu Spielbeginn wird, im Mittelkreis des Spielfeldes ein Sprungball (Hochball) zwischen je einem Spieler beider Mannschaften durchgeführt.
Ein erzielter Korb zählt in der Regel zwei Punkte. Ausnahmen sind der Freiwurf, der nach einem Foul von der Freiwurflinie ausgeführt wird, und der Dreipunktewurf, der nur jenseits der Dreipunktlinie zählt. Ein getroffener Freiwurf zählt einen Punkt und ein „Dreier", wie der Name schon sagt, drei Punkte.

Foulspiel

Nach jedem Foul bekommt die gefoulte Mannschaft einen Einwurf von der Seitenlinie in Höhe des Tatorts. Auf Freiwurf wird entschieden, wenn das Foul während eines Korbversuches erfolgt. Nach dem fünften Foul scheidet ein Spieler aus – er muss dann ausgewechselt werden und darf in diesem Spiel nicht mehr aufs Feld zurück.
Es gibt im Basketball keine Vorteilsregel!

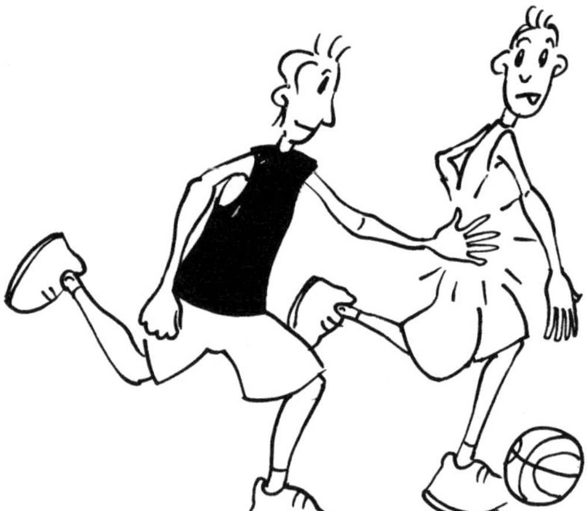

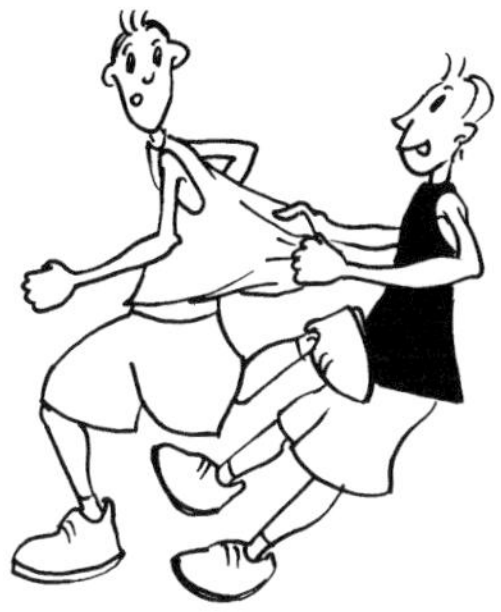

Festhalten

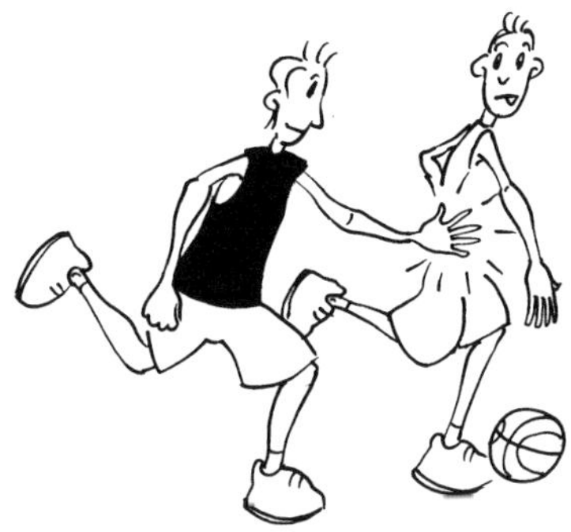

Schlagen

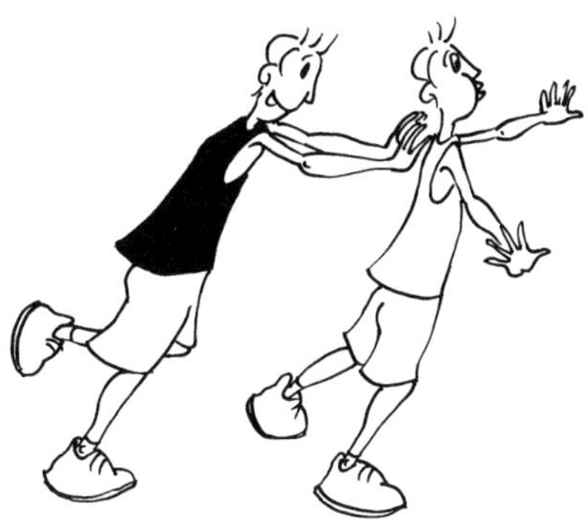

Stoßen

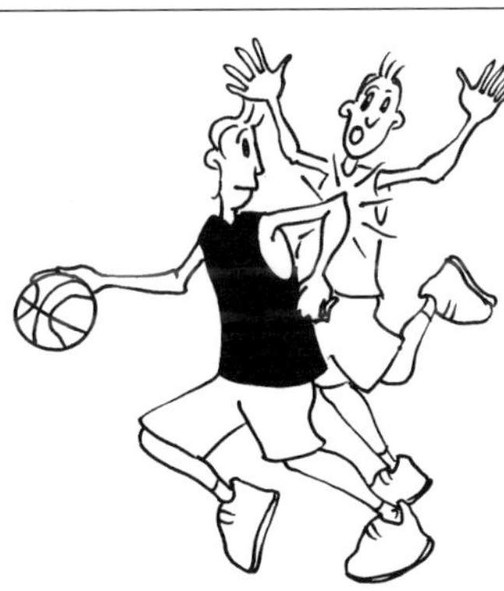

Rempeln

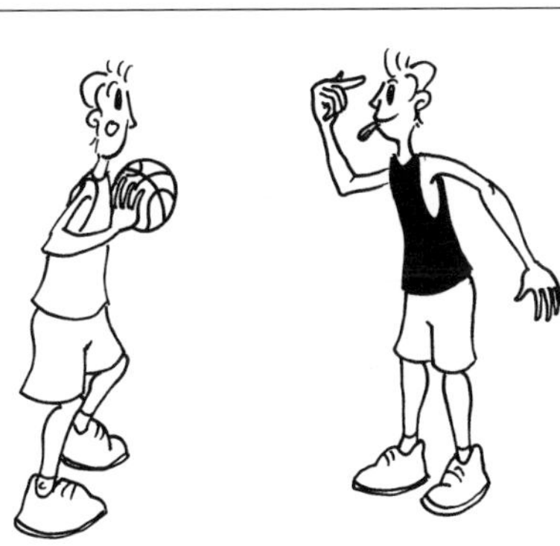

Beleidigen

Regelübertretungen

Eine Regelübertretung im Basketball ist eine unerlaubte Art und Weise, sich mit dem Ball fortzubewegen bzw. den Ball zu spielen. Später kommen hier noch verschiedene Zeitregeln (z. B. 24 Sekunden für einen Angriff) oder das Rückspiel hinzu, was aber gerade im Minibasketball keine Bedeutung hat. Bei einer Regelübertretung erhält die andere Mannschaft einen Einwurf von der Seitenlinie in Höhe des Tatortes.

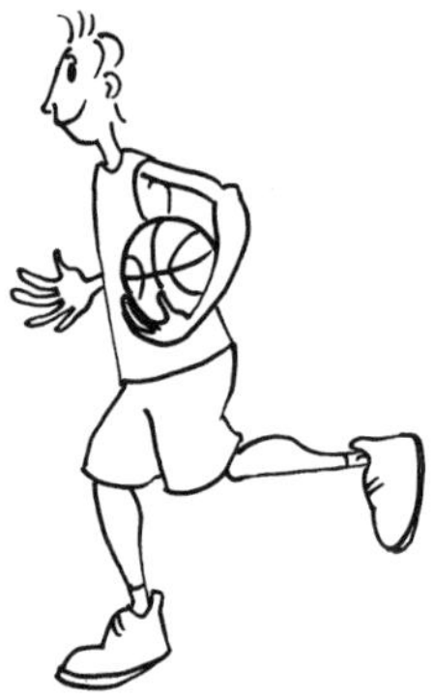	**Laufen mit Ball**
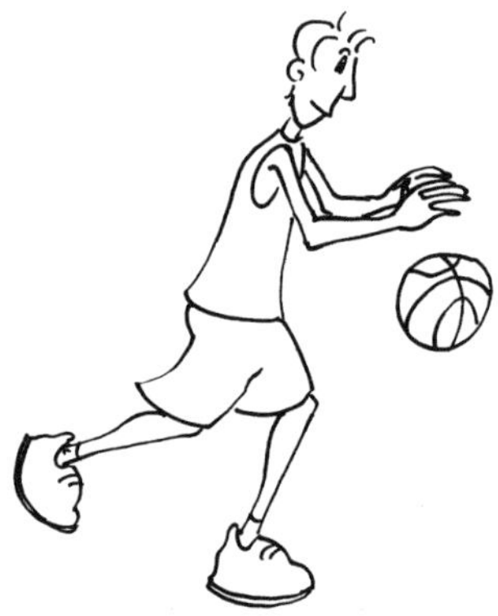	**Dribbeln mit beiden Händen gleichzeitig**
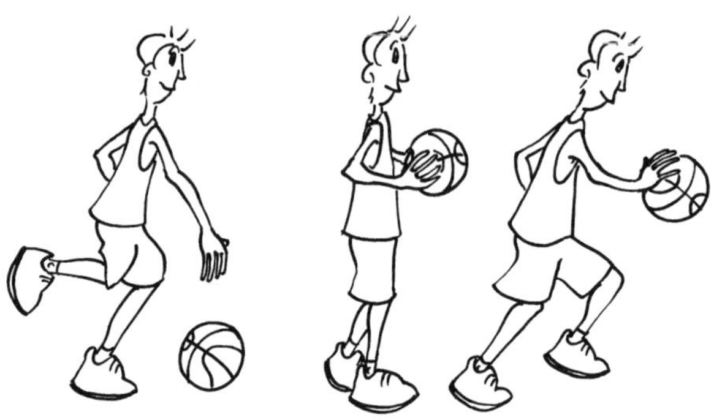	**Doppeldribbling = Dribbeln, den Ball fangen und dann weiterdribbeln**
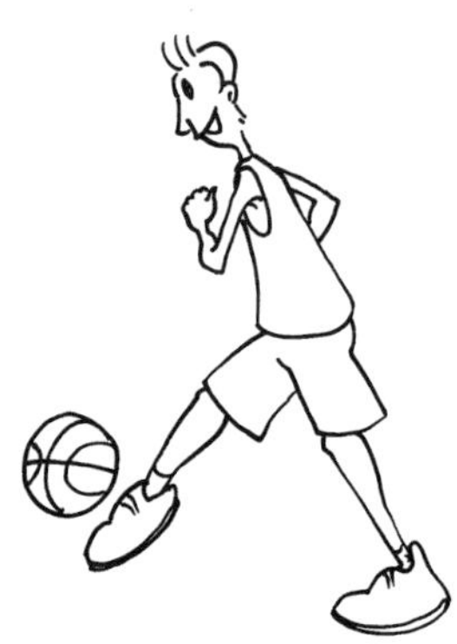	**absichtliches Fußspiel**

Schiedsrichterzeichen

Im Basketball leiten zwei Schiedsrichter gemeinsam ein Spiel. Die Schiedsrichterzeichen signalisieren den Spielern und Zuschauern, was gerade gepfiffen wurde (Foul, Schrittfehler, Dribbelfehler etc.). Auch hier werden nur die für den Minibasketball wesentlichen Zeichen behandelt.

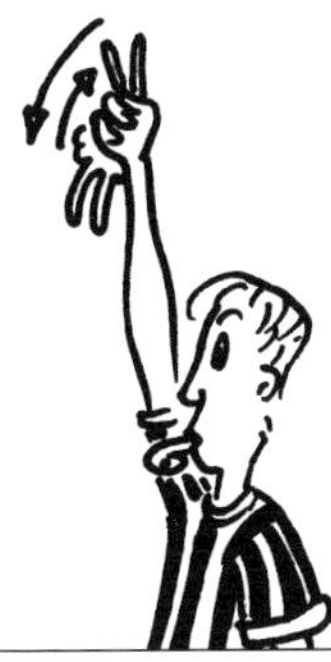	**Korberfolg**
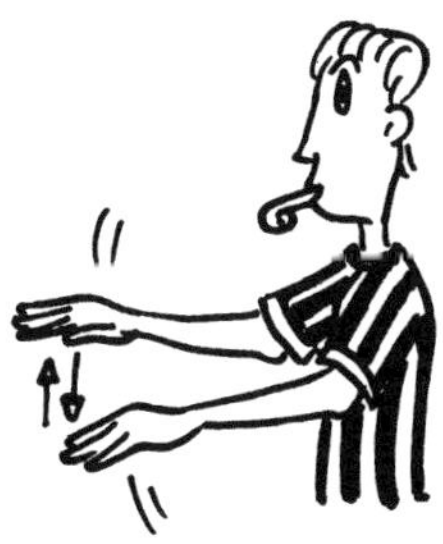	**Dribbelfehler**
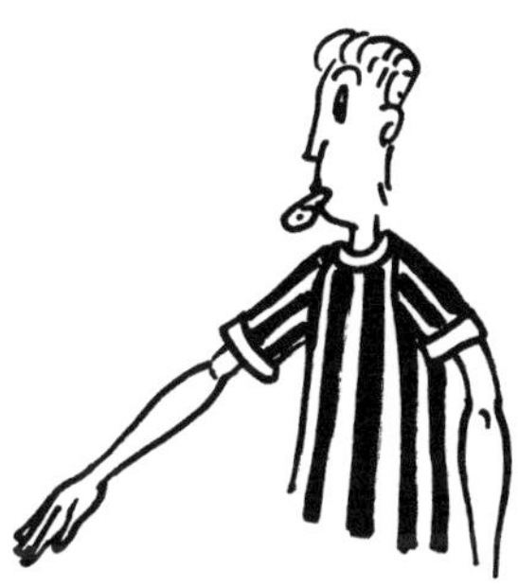	**Spielrichtung**
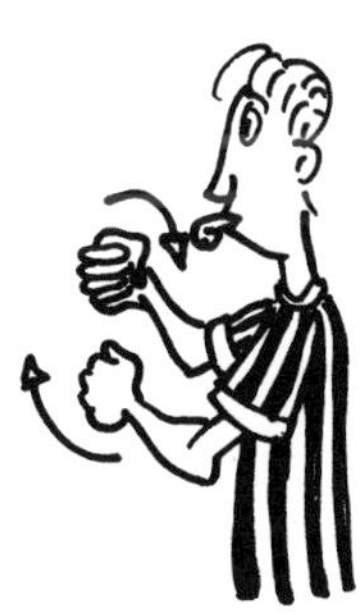	**Schrittfehler**
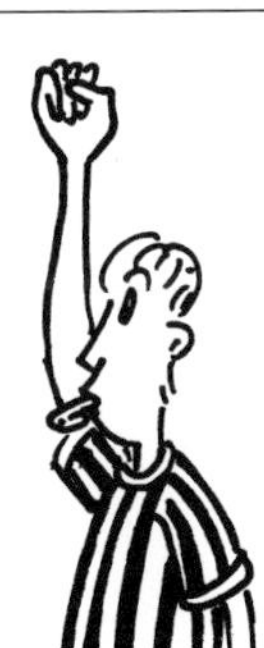	**Foul**

Arbeitsblatt

Basketballregeln

Schiedsrichterzeichen	Foulspiel	Regelübertretungen
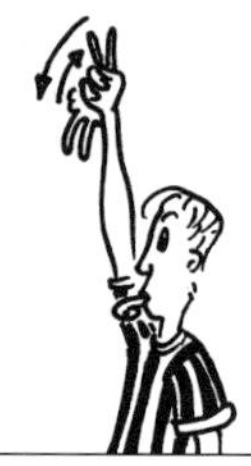	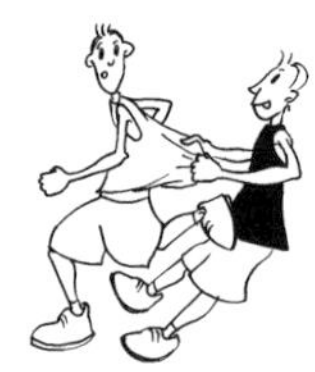	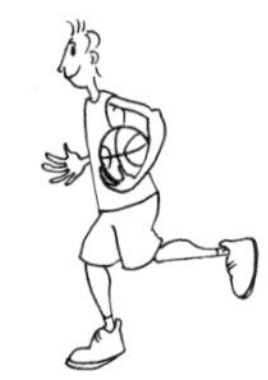
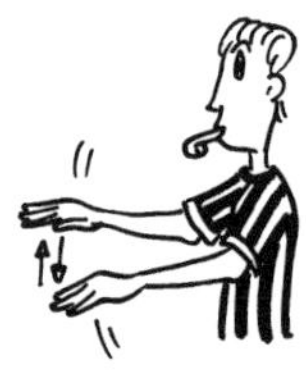	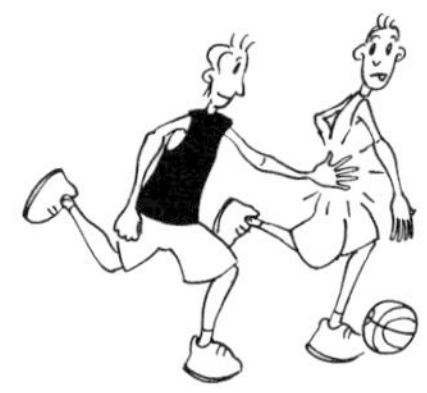	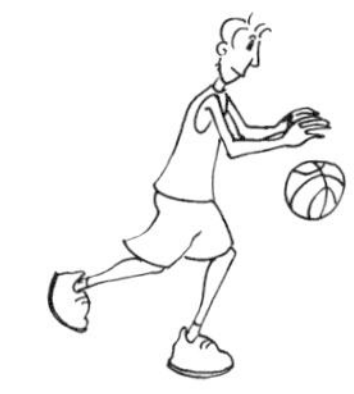
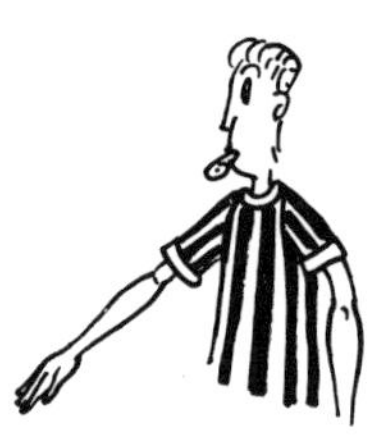	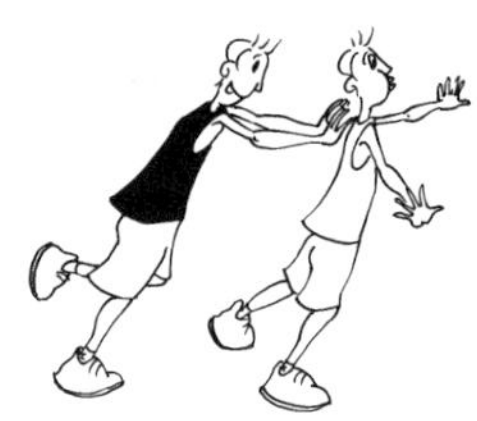	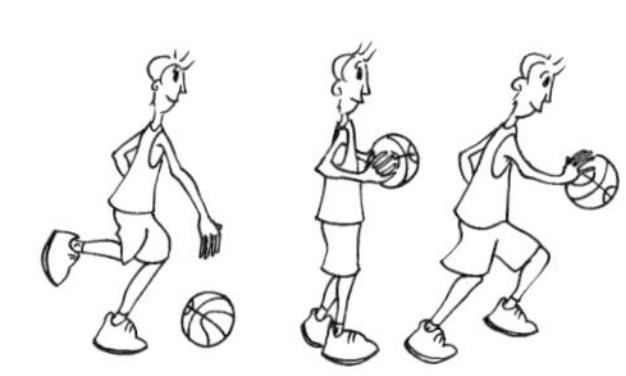
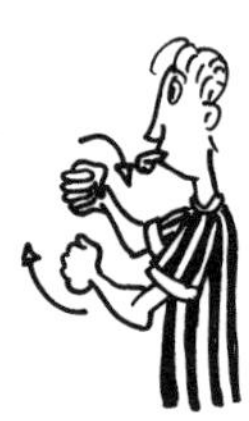	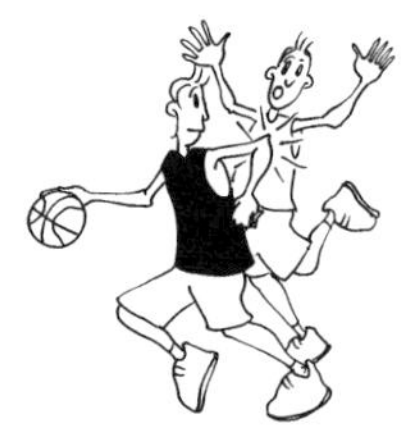	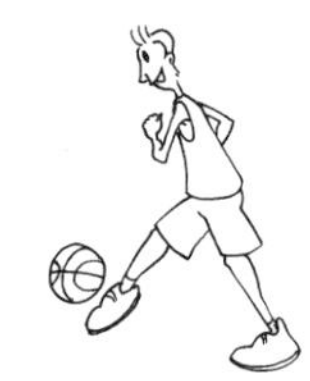
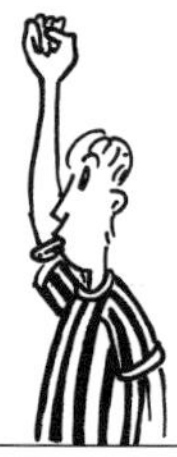	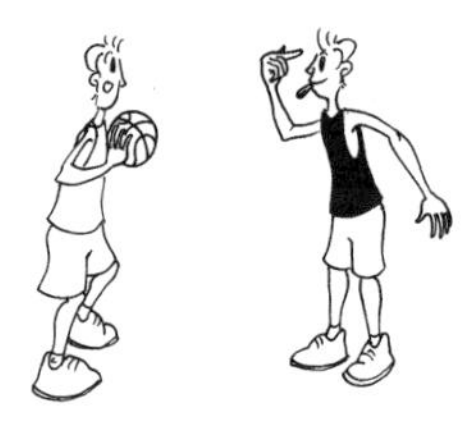	

Lösung – Arbeitsblatt

Basketballregeln

Schiedsrichterzeichen	Foulspiel	Regelübertretungen
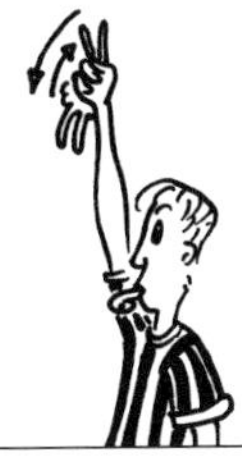 „Korberfolg"	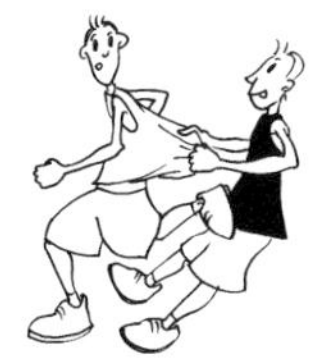 „Festhalten"	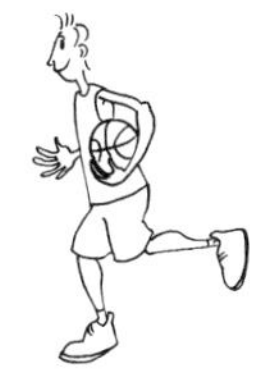 „Laufen mit Ball"
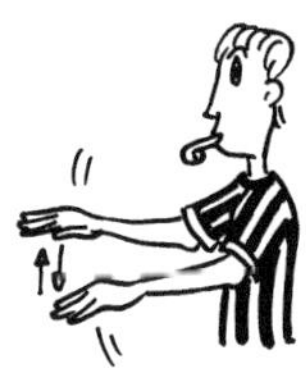 „Dribbelfehler"	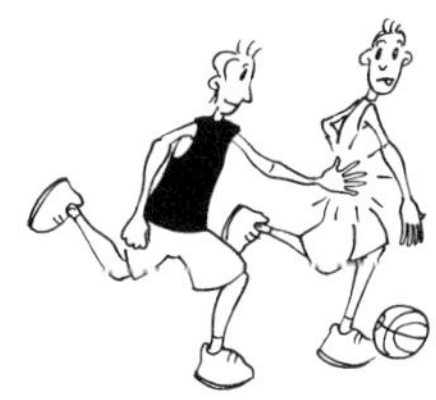 „Schlagen"	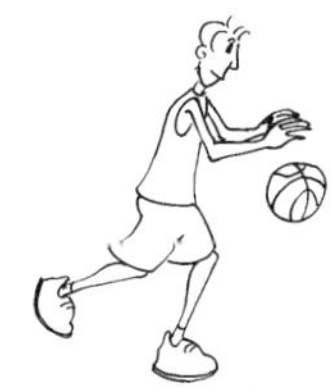 „Dribbeln mit beiden Händen gleichzeitig"
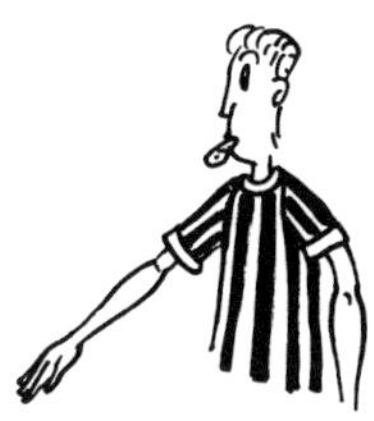 „Spielrichtung"	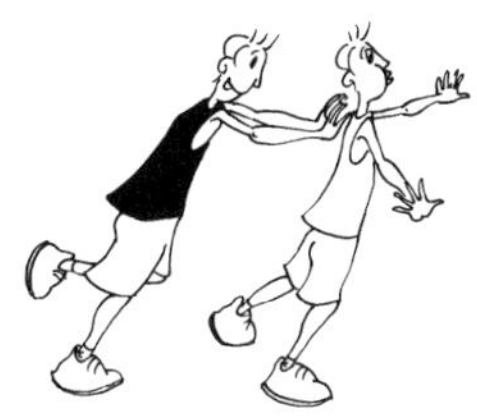 „Stoßen"	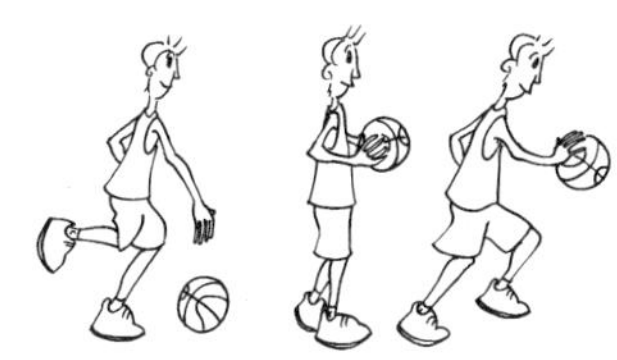 „Doppeldribbling"
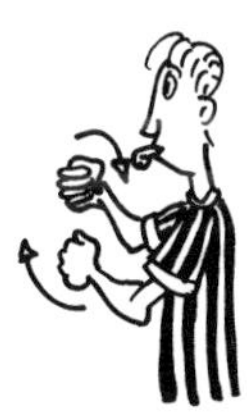 „Schrittfehler"	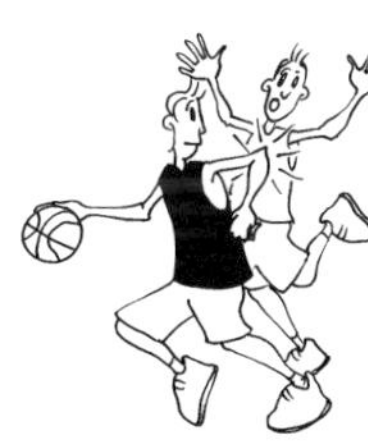 „Rempeln"	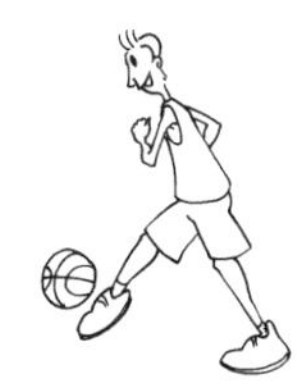 „absichtliches Fußspiel"
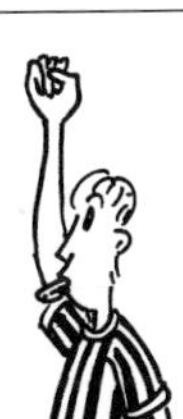 „Foul"	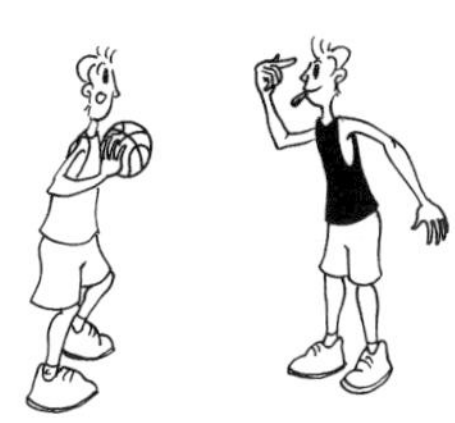 „Beleidigen"	

Probe aus dem Fach Sport

1. Benenne die folgenden Regelübertretungen. **/4**

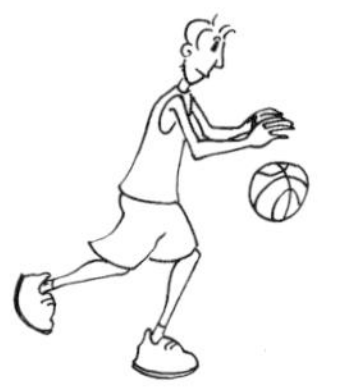	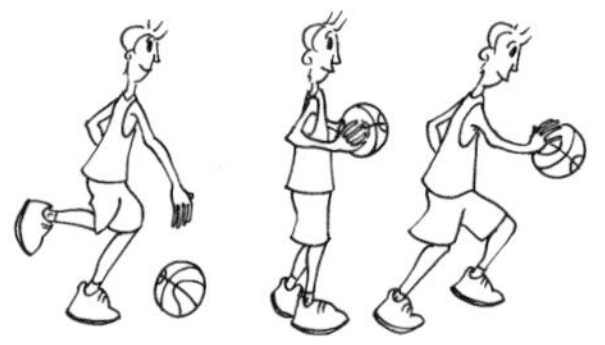	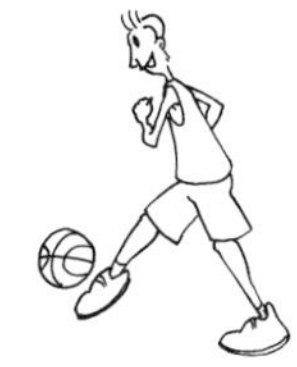	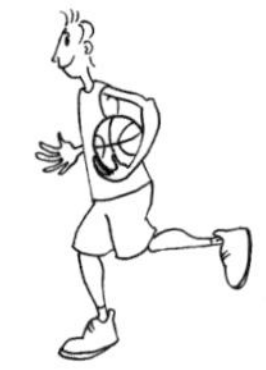
•	•	•	• ....

2. Welche Schiedsrichterzeichen erkennst du hier? **/5**

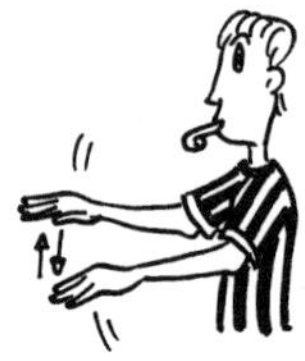	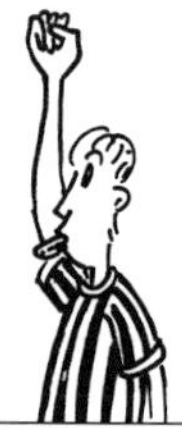	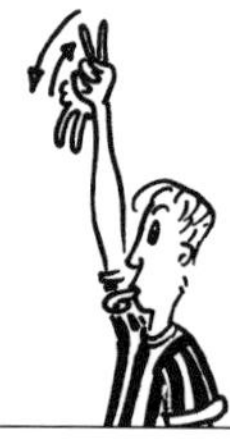	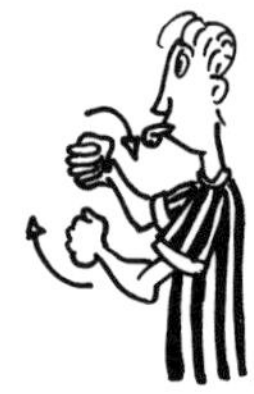	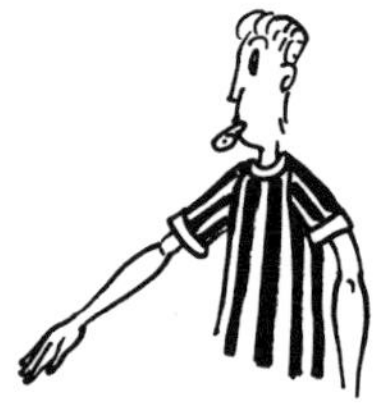
•	•	•	•	• ....

3. Nenne fünf verschiedene Arten des Foulspiels. **/5**

•	•	•	•	• ....

4. Welche verschiedenen Technikformen des Passens kennst du? **/4**

•	•	•	• ....

Erreichte Punktzahl: ... / 18

Note:

18,0–16,5	16,0–14,0	13,5–10,5	10,0–7,5	7,0–4,5	4,0–0
1	2	3	4	5	6

Lösung zur Probearbeit

1. Benenne die folgenden Regelübertretungen. **/4**

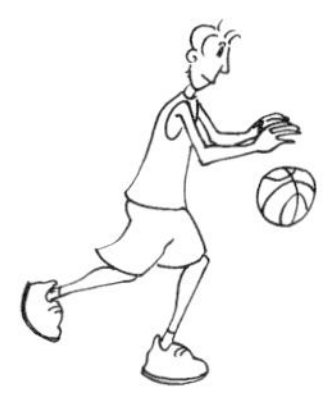	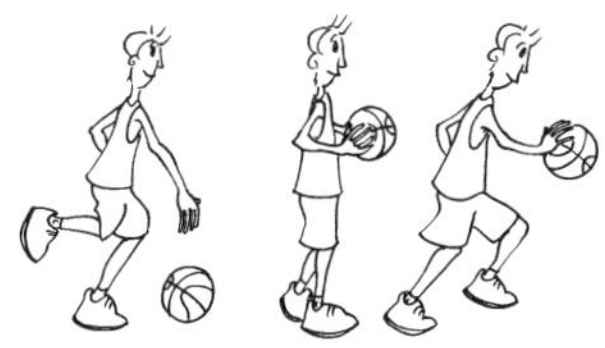	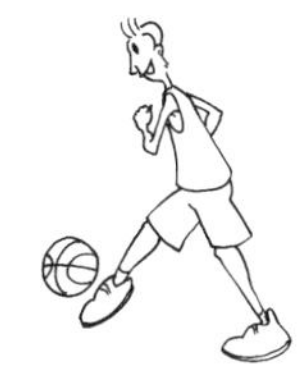	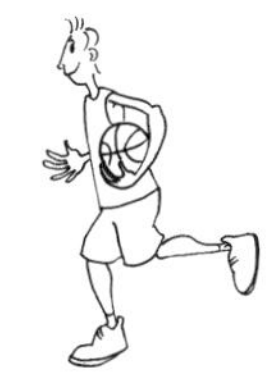
• Dribbeln mit beiden Händen gleichzeitig	• Doppeldribbling	• absichtliches Fußspiel	• Laufen mit dem Ball

2. Welche Schiedsrichterzeichen erkennst du hier? **/5**

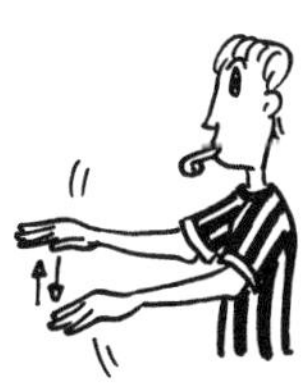	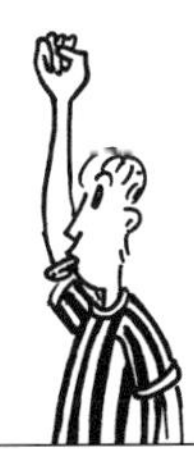	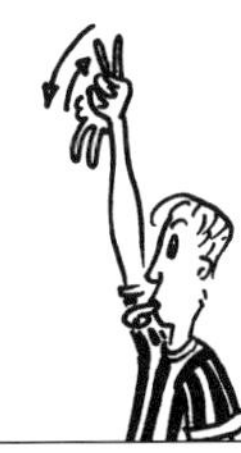	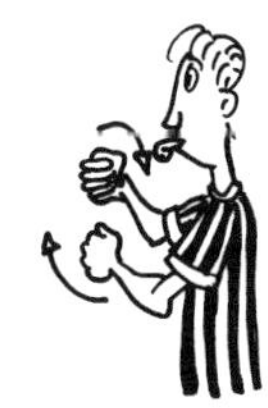	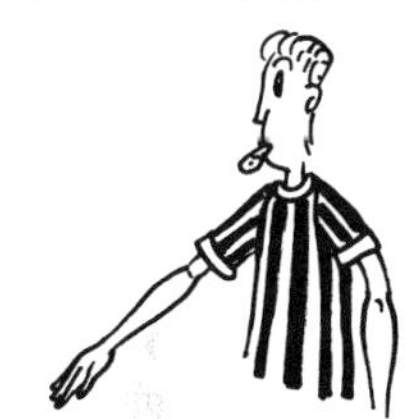
• Dribbelfehler	• Foulspiel	• Korberfolg	• Schrittfehler	• Spielrichtung

3. Nenne fünf verschiedene Arten des Foulspiels. **/5**

• Festhalten	• Stoßen	• Rempeln	• Schlagen	• Beleidigen

4. Welche verschiedenen Technikformen des Passens kennst du? **/4**

• Druckpass	• Überkopfpass	• Einhändiger Pass	• Bodenpass

Erreichte Punktzahl: … /18

18,0–16,5	16,0–14,0	13,5–10,5	10,0–7,5	7,0–4,5	4,0–0
1	2	3	4	5	6

10. Organisation eines Streetballturniers

Im folgenden Kapitel wird eine Möglichkeit aufgezeigt, wie ein schulhausinternes Basketballturnier durchgeführt werden kann. Dies kann ohne großen Aufwand zu einem aufregenden Erlebnis sowohl für Schüler als auch für Lehrer werden.

Vorbereitung/Planung

Um einen möglichst reibungslosen Ablauf des Turniers zu gewährleisten, bedarf es einiger Vorbereitungen. Zuerst muss geklärt werden, wie viele Teams am Turnier teilnehmen wollen. Dazu werden die Briefe mit angehefteten Turnier-Anmeldezetteln (Kopiervorlage) an die Klassenleiter verteilt. Die Klassenleiter übernehmen mithilfe des Klassenleiterbriefes die „Werbung" und Anmeldung ihrer Schüler. Kurz vor dem Turnier müssen dann nur noch die Spielpläne und die Urkunden kopiert werden (farbiges Tonpapier verwenden!).

Tipps:

- Um dem Streetballturnier einen etwas feierlichen und offiziellen Rahmen zu geben, wäre es wünschenswert, dass der Schulleiter die Begrüßung und eventuell auch die Siegerehrung vornimmt.
- Schöne Preise für die Spieler gibt es oftmals bei der Sparkasse. Eine andere Möglichkeit ist, die ortsansässigen Geschäfte zu fragen, ob sie für ein derartiges Turnier Sachpreise zur Verfügung stellen (Gutscheine, Werbegeschenke etc.).
- Zum Streetball gehört natürlich auch die entsprechende Musik. Schüler haben da oft einen besseren Geschmack als Lehrer … Die Musik kann zudem dazu eingesetzt werden, dass die Spiele zeitgleich beginnen und enden können.

Checkliste:

- Ist die Halle frei?
- Wer macht die Begrüßung und die Siegerehrung?
- Habe ich genügend Basketbälle?
- Geht mit den Anmeldungen alles klar?
- Ist die Musik organisiert (CDs, Anlage, DJ)?
- Liegen die Urkunden bereit (Edding zum Ausfüllen)?
- Habe ich Schiedsrichterpfeifen?
- Sind die Spielpläne kopiert?
- Ist der Turniermodus fertig und ausgehängt?
- Liegen Stifte für die Schiedsgerichte bereit?
- Habe ich Punktetafeln, damit der aktuelle Spielstand sichtbar ist?

Weitere nützliche Dinge sind: Tesafilm, Ersatzstifte, Papier …

Ablauf

Beginn des Turniers ist durch die Zeiten auf dem Klassenleiterbrief festgelegt. Bevor allerdings die Schüler mit den Spielen beginnen, sollte ein gemeinsames Aufwärmen erfolgen. Dazu ist das Spiel „Kommando Pimperle" (siehe „Trainieren wie die NBA-Profis" – Allgemeines Aufwärmen, S. 39 f.) gut geeignet, da die Musikanlage bereits steht und die Anzahl der Schüler bei diesem Spiel beliebig variierbar ist.
Im Anschluss an die Aufwärmphase erfolgt die Begrüßung der Spieler durch die Schulleitung oder den Ausrichter. Damit keine Missverständnisse beim Spielen entstehen, sollten gleich im Anschluss daran der Turnierplan erklärt und die Spielregeln besprochen werden.

Spezielle Streetballregeln:

- Ein erzielter Korb zählt einen Punkt.
- Ein Dreipunktewurf zählt zwei Punkte.
- Es wird nur auf einen Korb gespielt.
- Bei Korberfolg bekommt der Gegner den Ball („losers out").

Nachdem alle Fragen beantwortet sind, beginnen entsprechend dem Spielplan die Spiele. Die spielfreien Mannschaften stellen jeweils das Schiedsgericht.

Am Ende des Turniers findet das Endspiel statt, das den krönenden Abschluss des Turniers bilden soll. Damit das auch so ist, sollen sich die bereits fertigen Mannschaften um das Spielfeld setzen. Das Schiedsgericht sollte hier vom Ausrichter bzw. von einer Lehrkraft gestellt werden.
Gleich im Anschluss an das Endspiel findet die Siegerehrung statt. (Hier sollte jeder Schüler eine Urkunde erhalten!)

Kopiervorlagen

- Anmeldezettel für das Turnier
- Ausschreibung des Turniers
- Spielplan für ein Turnier mit 8 Teams
- Spielplan für ein Turnier mit 12 Teams
- Anschreibezettel für das Schiedsgericht
- Urkunde

Anmeldezettel für das Turnier

3 gegen 3

ANMELDUNG ZUM STREETBALLTURNIER

TEAMNAME: ____________

Name des Spielers 1: ____________________ Klasse: ______

Name des Spielers 2: ____________________ Klasse: ______

Name des Spielers 3: ____________________ Klasse: ______

____
Unterschrift Mannschaftsführer

Ausschreibung des Turniers

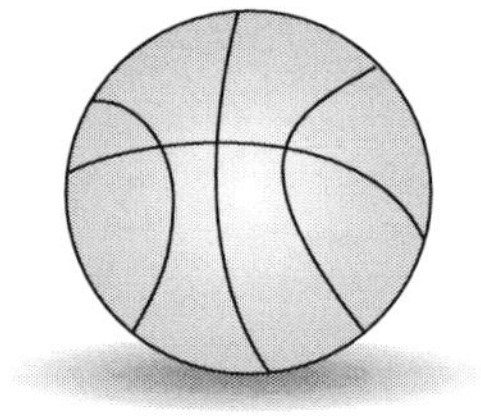

STREETBALLTURNIER

Achtung, wichtige Infos für die Klassenleiter!

Hallo liebe KLs,

am ____________, den ____________, findet ein Streetballturnier für folgende Jahrgangsstufen statt:

- ______________________________,

an dem ihr mit Schülern eurer Klasse teilnehmen könnt. Bitte teilt die Anmeldezettel an die Schüler aus, die eine Mannschaft melden wollen. Jedes Team muss sich schriftlich anmelden!

Treffpunkt: __________ Uhr in der Turnhalle
Turnierbeginn: __________ Uhr
Turnierende: __________ Uhr

Zum Turnierverlauf:

- Es wird 3 gegen 3 gespielt.
- Die spielfreien Teams stellen das Schiedsgericht.
- Die Spielzeit beträgt 1 × ______ Minuten.

Bitte gebt noch Folgendes in eueren Klassen bekannt:

- Sportkleidung (wichtig!), Handtuch und Sportschuhe für die Turnhalle
- Getränke und eine Kleinigkeit zu essen

MfG, ________________________

Spielpläne

Spielplan für 8 Mannschaften (Seite 1)

Gruppe A
a.
b.
c.
d.

Gruppe B
a.
b.
c.
d.

Gruppe A – Feld 1:

Spielpaarung			Schiedsrichter	Ergebnis
Mannschaft a	–	Mannschaft b	Mannschaft d	
Mannschaft c	–	Mannschaft d	Mannschaft a	
Mannschaft a	–	Mannschaft c	Mannschaft d	
Mannschaft b	–	Mannschaft d	Mannschaft c	
Mannschaft a	–	Mannschaft d	Mannschaft b	
Mannschaft b	–	Mannschaft c	Mannschaft a	

Tabelle der Gruppe A

Platz	Mannschaft	Punkte
1.		:
2.		:
3.		:
4.		:

Spielplan für 8 Mannschaften (Seite 2)

Gruppe A
a.
b.
c.
d.

Gruppe B
a.
b.
c.
d.

Gruppe B – Feld 2:

Spielpaarung			Schiedsrichter	Ergebnis
Mannschaft a	–	Mannschaft b	Mannschaft d	
Mannschaft c	–	Mannschaft d	Mannschaft a	
Mannschaft a	–	Mannschaft c	Mannschaft b	
Mannschaft b	–	Mannschaft d	Mannschaft c	
Mannschaft a	–	Mannschaft d	Mannschaft b	
Mannschaft b	–	Mannschaft c	Mannschaft a	

Tabelle der Gruppe B

Platz	Mannschaft	Punkte
1.		:
2.		:
3.		:
4.		:

Spielplan für 8 Mannschaften (Seite 3)

Platzierungsspiele

Spiel um Platz 7 auf Feld 1: ______ – ______ ______
4. der Gruppe A – 4. der Gruppe B – Ergebnis

Spiel um Platz 5 auf Feld 2: ______ – ______ ______
3. der Gruppe A – 3. der Gruppe B – Ergebnis

1. Halbfinale auf Feld 1: ______ – ______ ______
1. der Gruppe A – 2. der Gruppe B – Ergebnis

2. Halbfinale auf Feld 2: ______ – ______ ______
1. der Gruppe B – 2. der Gruppe A – Ergebnis

Spiel um Platz 3

______ gegen ______ ______
Verlierer 1. Halbfinale – Verlierer 2. Halbfinale – Ergebnis

Finale

______ gegen ______ ______
Sieger 1. Halbfinale – Sieger 2. Halbfinale – Ergebnis

Abschlusstabelle

Platz	Mannschaft
1.	
2.	
3.	
4.	
5.	
6.	
7.	
8.	

Spielplan für 12 Mannschaften (Seite 1)

Gruppe A
a.
b.
c.

Gruppe B
a.
b.
c.

Gruppe C
a.
b.
c.

Gruppe D
a.
b.
c.

Gruppe A – Feld 1:

Spielpaarung		Schiedsrichter	Ergebnis
Mannschaft a –	Mannschaft b	Mannschaft c	
Mannschaft b –	Mannschaft c	Mannschaft a	
Mannschaft a –	Mannschaft c	Mannschaft b	

Gruppe C – Feld 1:

Spielpaarung		Schiedsrichter	Ergebnis
Mannschaft a –	Mannschaft b	Mannschaft c	
Mannschaft b –	Mannschaft c	Mannschaft a	
Mannschaft a –	Mannschaft c	Mannschaft b	

Tabelle der Gruppe A

Platz	Mannschaft	Punkte
1.		:
2.		:
3.		:

Tabelle der Gruppe C

Platz	Mannschaft	Punkte
1.		:
2.		:
3.		:

Spielplan für 12 Mannschaften (Seite 2)

Gruppe A
a.
b.
c.

Gruppe B
a.
b.
c.

Gruppe C
a.
b.
c.

Gruppe D
a.
b.
c.

Gruppe B – Feld 2:

Spielpaarung			Schiedsrichter	Ergebnis
Mannschaft a	–	Mannschaft b	Mannschaft c	
Mannschaft b	–	Mannschaft c	Mannschaft a	
Mannschaft a	–	Mannschaft c	Mannschaft b	

Gruppe D – Feld 2:

Spielpaarung			Schiedsrichter	Ergebnis
Mannschaft a	–	Mannschaft b	Mannschaft c	
Mannschaft b	–	Mannschaft c	Mannschaft a	
Mannschaft a	–	Mannschaft c	Mannschaft b	

Tabelle der Gruppe B

Platz	Mannschaft	Punkte
1.		:
2.		:
3.		:

Tabelle der Gruppe D

Platz	Mannschaft	Punkte
1.		:
2.		:
3.		:

Spielplan für 12 Mannschaften (Seite 3)

Zwischenrunde

Spielnummer 1 auf Feld 1:	1. der Gruppe A	–	2. der Gruppe B	Ergebnis
Spielnummer 2 auf Feld 2:	1. der Gruppe B	–	2. der Gruppe A	Ergebnis
Spielnummer 3 auf Feld 1:	1. der Gruppe C	–	2. der Gruppe D	Ergebnis
Spielnummer 4 auf Feld 2:	1. der Gruppe D	–	2. der Gruppe C	Ergebnis
Spielnummer 5 auf Feld 1:	3. der Gruppe A	–	3. der Gruppe B	Ergebnis
Spielnummer 6 auf Feld 2:	3. der Gruppe C	–	3. der Gruppe D	Ergebnis
Spielnummer 7 – Feld 1:	Verlierer Spielnummer 1	–	Verlierer Spielnummer 3	Ergebnis
Spielnummer 8 – Feld 2:	Verlierer Spielnummer 2	–	Verlierer Spielnummer 4	Ergebnis

Platzierungsspiele

Spiel um Platz 11 – Feld 1:	Verlierer Spielnummer 5	–	Verlierer Spielnummer 6	Ergebnis
Spiel um Platz 9 – Feld 2:	Sieger Spielnummer 5	–	Sieger Spielnummer 6	Ergebnis
Spiel um Platz 7 – Feld 1:	Verlierer Spielnummer 7	–	Verlierer Spielnummer 8	Ergebnis
Spiel um Platz 5 – Feld 2:	Sieger Spielnummer 7	–	Sieger Spielnummer 8	Ergebnis

Spielplan für 12 Mannschaften (Seite 4)

1. Halbfinale auf Feld 1: ______________ – ______________ ______
Sieger Spielnummer 1 | Sieger Spielnummer 3 | Ergebnis

2. Halbfinale auf Feld 2: ______________ – ______________ ______
Sieger Spielnummer 2 | Sieger Spielnummer 4 | Ergebnis

Spiel um Platz 3

______________ gegen ______________ ______
Verlierer 1. Halbfinale | Verlierer 2. Halbfinale | Ergebnis

Finale

______________ gegen ______________ ______
Sieger 1. Halbfinale | Sieger 2. Halbfinale | Ergebnis

Abschlusstabelle

Platz	Mannschaft
1.	
2.	
3.	
4.	
5.	
6.	
7.	
8.	
9.	
10.	
11.	
12.	

Anschreibezettel

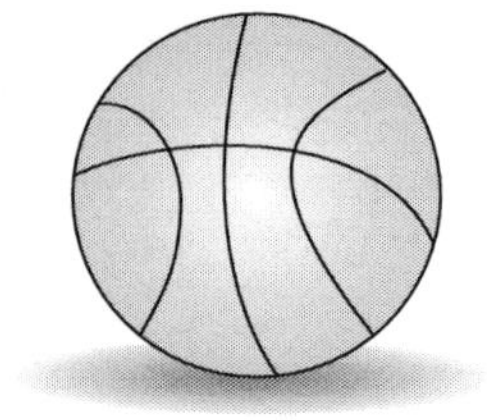

STREETBALLTURNIER

Teamname	Spielstand	Endstand
Team A ______________	1 2 3 4 5 6 7 8 9 10 11 12 13 14 15 16 17 18 19 20 21 22 23 24 25 26 27 28 29 30 31 32 33 34 35 36 37 38 39 40 41 42 43 44 45 46 47 48 49 50 51	______________
Team B ______________	1 2 3 4 5 6 7 8 9 10 11 12 13 14 15 16 17 18 19 20 21 22 23 24 25 26 27 28 29 30 31 32 33 34 35 36 37 38 39 40 41 42 43 44 45 46 47 48 49 50 51	______________

Sieger: ______________________________

______________ Unterschrift Spielführer A

______________ Unterschrift Spielführer B

______________ Unterschrift Schiedsrichter

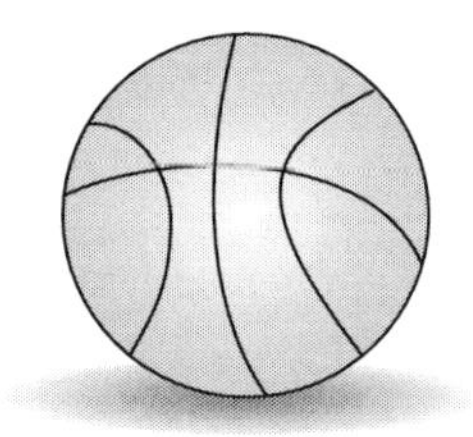

STREETBALLTURNIER

Teamname	Spielstand	Endstand
Team A ______________	1 2 3 4 5 6 7 8 9 10 11 12 13 14 15 16 17 18 19 20 21 22 23 24 25 26 27 28 29 30 31 32 33 34 35 36 37 38 39 40 41 42 43 44 45 46 47 48 49 50 51	______________
Team B ______________	1 2 3 4 5 6 7 8 9 10 11 12 13 14 15 16 17 18 19 20 21 22 23 24 25 26 27 28 29 30 31 32 33 34 35 36 37 38 39 40 41 42 43 44 45 46 47 48 49 50 51	______________

Sieger: ______________________________

______________ Unterschrift Spielführer A

______________ Unterschrift Spielführer B

______________ Unterschrift Schiedsrichter

Urkunde

Urkunde

Das Team

____

errang
beim Streetballturnier den

______. **Platz**

______________, den _____

______________________ Schulleitung

______________________ Ausrichter

11. Literaturverzeichnis

Bauer, C., Bösing, L., Remmert, H., Lau, A.: Handbuch Basketball – Technik – Taktik – Training, Meyer & Meyer 2012.

Nelson, A., Kokkonen, J.: Stretching Anatomie: Der vollständig illustrierte Ratgeber für die anatomisch richtige Muskeldehnung und -kräftigung, Copress Sport 2015.

Ringat, H.: Funktionelle Gymnastik: Praxis in 25 Stundenbildern, Limpert 2016.

Weineck, J.: Optimales Training: Leistungsphysiologische Trainingslehre unter besonderer Berücksichtigung des Kinder- und Jugendtrainings, Spitta 2009 (16. Auflage).

Weineck, J.: Sportbiologie, Spitta 2009 (10. Auflage).

https://www.lehrplanplus.bayern.de/

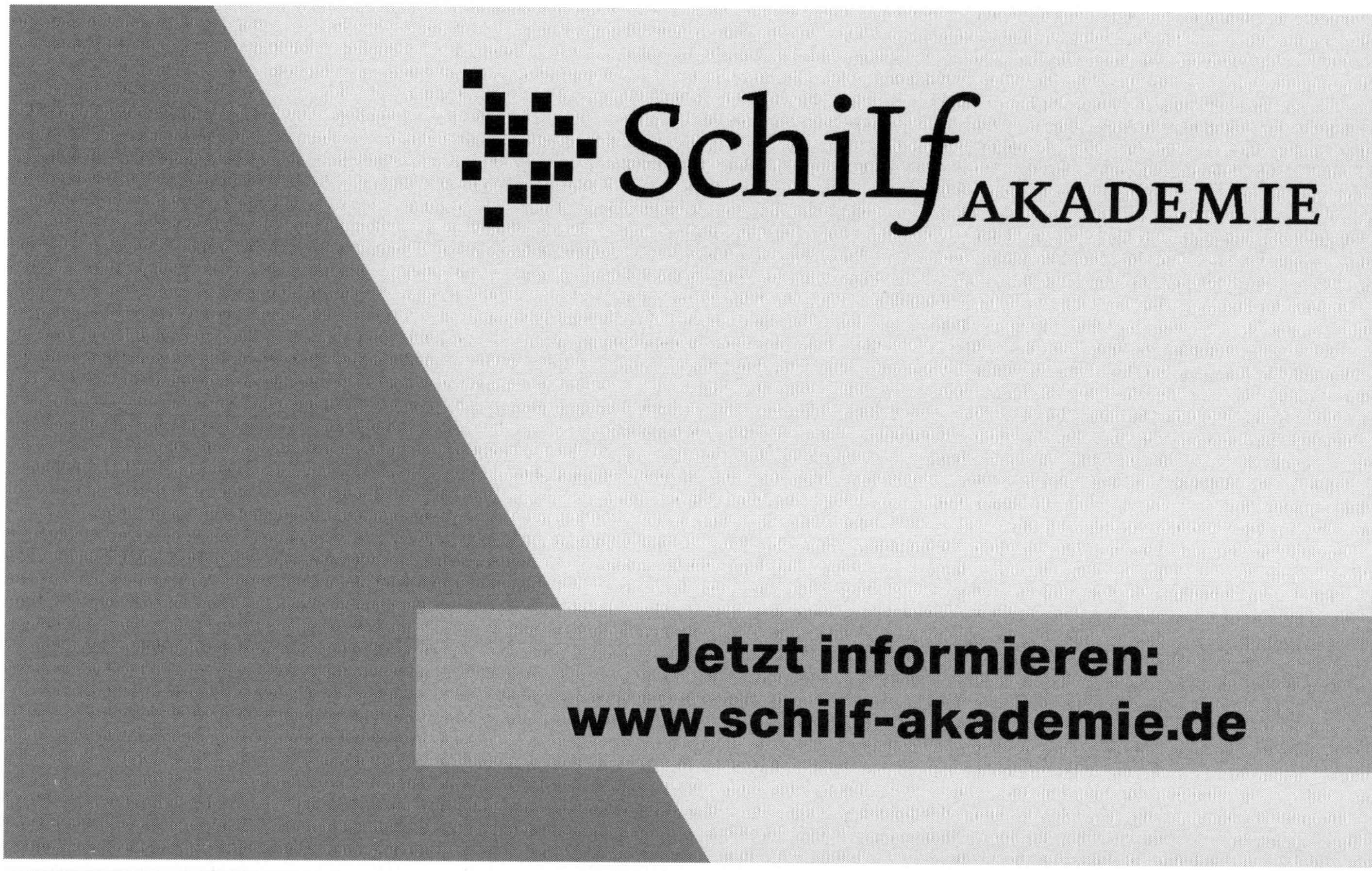
SchiLf AKADEMIE
Jetzt informieren:
www.schilf-akademie.de

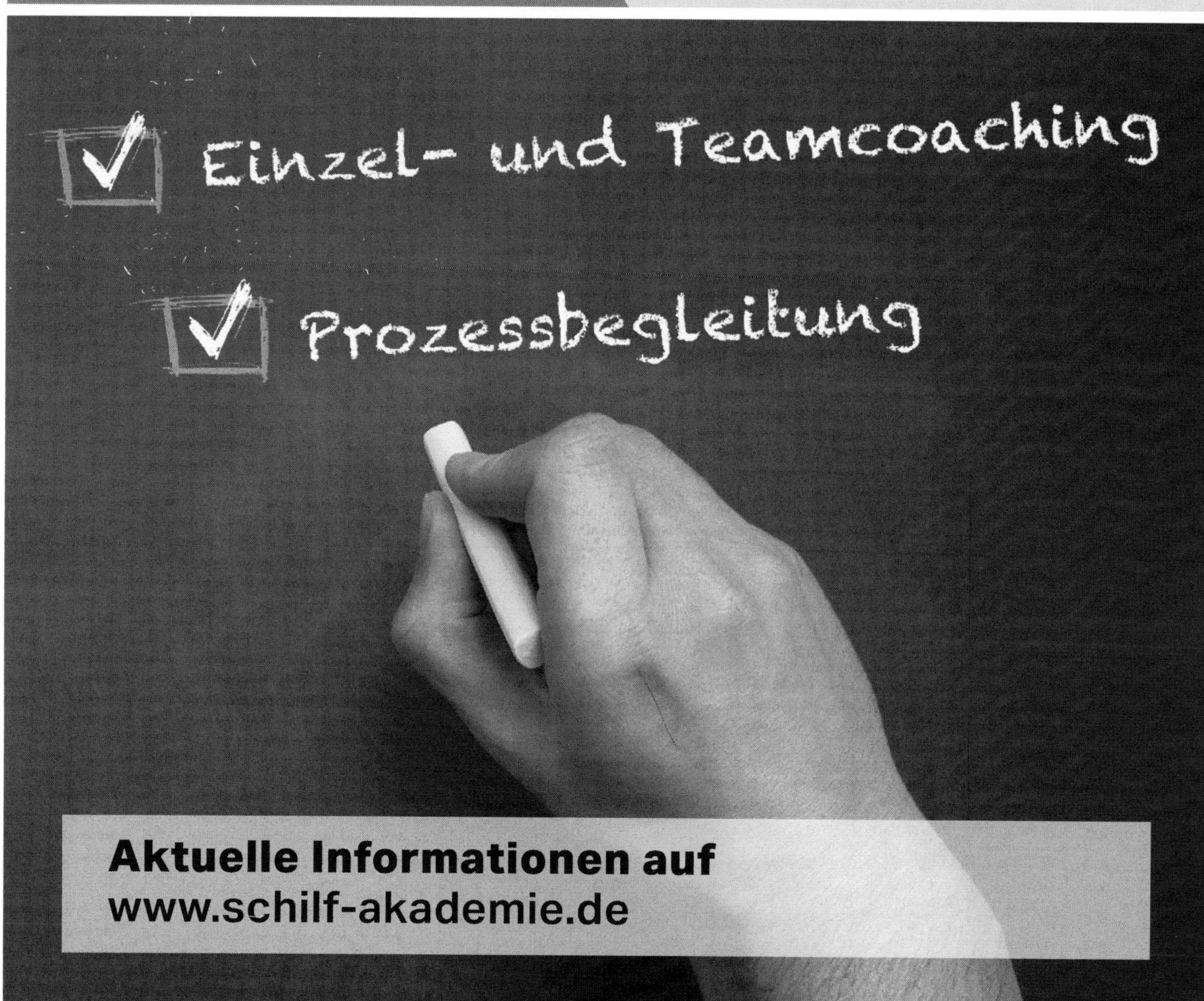
Einzel- und Teamcoaching
Prozessbegleitung
Aktuelle Informationen auf
www.schilf-akademie.de